国学典藏·线装书系

三十六計·孫子兵法

【普及版】

第一册

〔春秋〕孙武·著

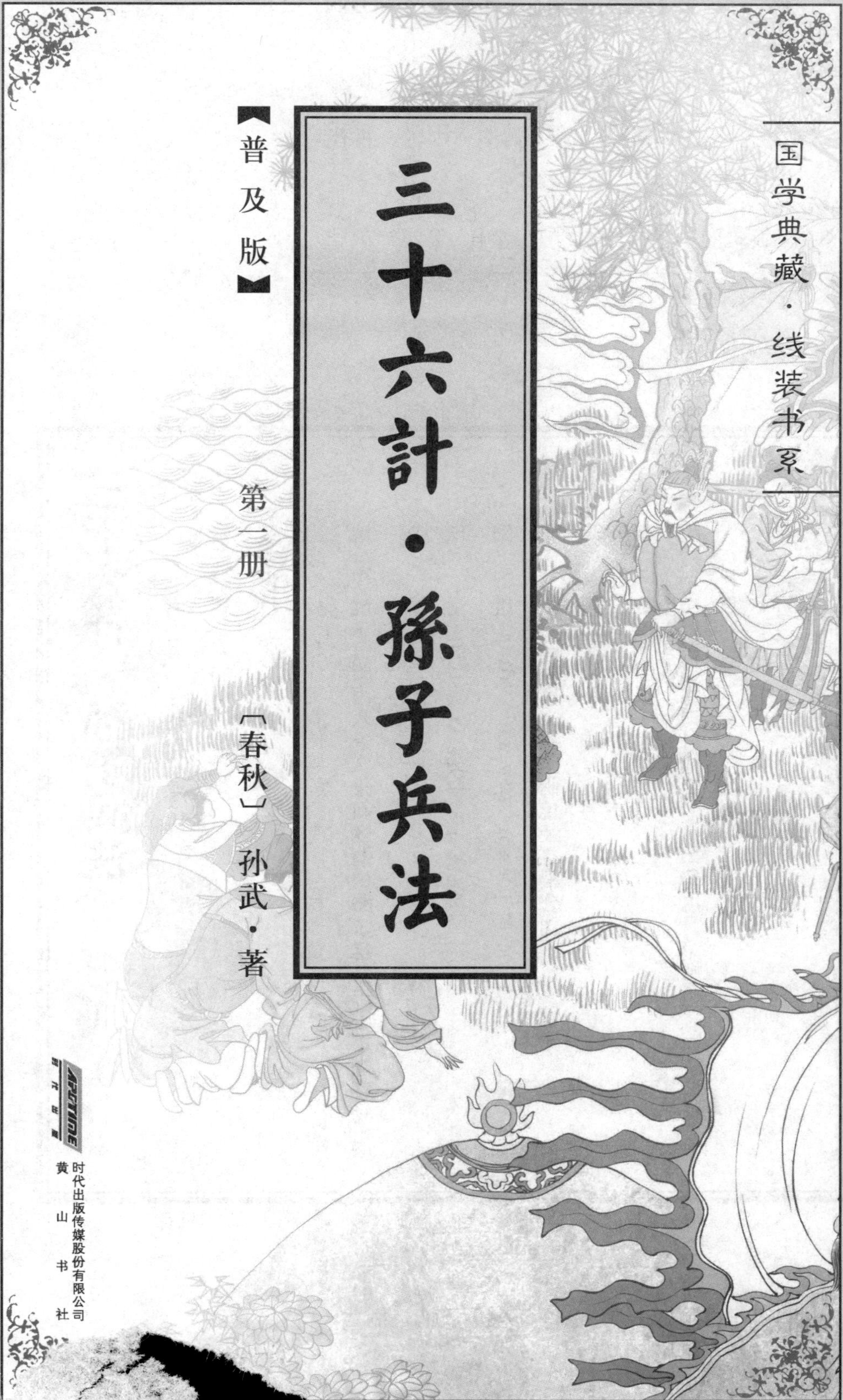

时代出版传媒股份有限公司
黄山书社

图书在版编目（C I P）数据

三十六计·孙子兵法 / (春秋) 孙武著. -- 合肥：黄山书社, 2013.11

ISBN 978-7-5461-3961-6

Ⅰ.①三… Ⅱ.①孙… Ⅲ.①兵法－中国－古代 Ⅳ.①E892.2

中国版本图书馆CIP数据核字(2013)第267570号

三十六计·孙子兵法

作　　者　（春秋）孙武

责任编辑　朱莉莉

装帧设计　三读書館® SANDU BOOKSTORE

出版发行　时代出版传媒股份有限公司　黄山书社

地　　址　合肥市政务文化新区翡翠路1118号出版传媒广场7层

邮　　编　二三〇〇七一

电　　话　0551－63533762　63533768

网　　址　http://www.hspress.cn

印　　刷　三河市文通印刷包装有限公司

印　　张　四五点二五

字　　数　八〇〇千字

版　　次　2013年11月第1版　2016年3月第3次印刷

印　　数　三〇〇〇

定　　价　二九九元（一函四册）

目录

三十六计

孙子兵法

总说

原文

六六三十六①，数②中有术③，术中有数。阴阳④燮理⑤，机⑥在其中。机不可设，设则不中。

按语

解语重数不重理。盖理，术语自明；而数则在言外。若徒知术之为术，而不知术中有数，则术多不应。且诡谋权术，原在事理之中、人情之内。倘事出不经⑦，则诡异⑧立见，诧世惑俗，而机谋泄矣。

或曰：三十六计中，每六计成为一套。第一套为胜战计，第二套为敌战计，第三套为攻战计，第四套为混战计，第五套为并战计，第六套为败战计。

注释

①六六三十六：借用《易经·坤卦》之极阴数『六六』代表三十六计，指诡计多端。②数：易数，本义是推演卦底的依据，此处引申为客观实际规律。③术：计谋方略。④阴阳：一阴一阳，是中国传统哲学中构成事物的两大要素。传统哲学中的阴阳规律是事物发展变化的基本规律。阴阳是对立统一的。⑤燮理：谐调，调和。⑥机：机谋，机变。⑦不经：经，常规，原则，常理。不经，即违背常理，违背原则。⑧诡异：诡，奇异。不正常，奇特怪异。

译文

六乘六等于三十六，在实际规律中蕴藏着计谋，而计谋的运用也离不开实际规律。阴阳法则的调理与转化，机谋权变便从中产生。所以，机谋不可以任意设计，否则就会失败。

以上解语重视的是实际规律而不是一般道理。因为道理通过语言的表达自然会明白，而实际规律却是在语言之外的。如果只知为计谋而计谋，却不知计谋离不开实际规律，计谋的运用往往就不应验。而且，诡诈的计谋和权变的手段，本来就在事理之中、人情之中，如果违背这一原则，奇异之处立刻就会显现，引起人的惊疑，计谋也就暴露了。

三十六计按战争形势的不同，每六计组成一套。第一套为胜战计，第二套为敌战计，第三套为攻战计，第四套为混战计，第五套为并战计，第六套为败战计。

第一计 瞒天过海

原文

备周①则意怠②，常见则不疑。阴在阳之内，不在阳之对。太阳，太阴③。

按语

阴谋作为，不能于背时秘处行之。夜半行窃，僻巷杀人，愚俗之行，非谋士之所为也。如：开皇九年④，大举伐陈⑤。先是，弼⑥请缘江防人，每交代⑦之际，必集历阳⑧，大列旗帜，营幕蔽野。陈人以为大兵至，悉发国中士马，既而知防人交代，其众复散。后以为常，不复设备。及若弼以大军济江，陈人弗之觉也。因袭南徐州⑨，拔之。

注释

①备周：防备周密。②意怠：思想松懈。③太阳，太阴：根据阴阳互相转化的规律，阳极而阴生，阴极而阳动。④开皇：隋文帝建国年号，九年即公元589年。⑤陈：南朝之陈国，陈霸先建于公元557年，建都建康，今南京。⑥弼：隋朝大将贺若弼。⑦交代：即调防。⑧历阳：地名，今安徽和县。⑨南徐州：即江苏镇江。

译文

自以为防备极其周密，其思想就容易松懈；平时看惯了的，就不容易引起怀疑。阴往往深藏在阳之中，依存于阳，并不互相排斥。阳极生阴，阴极生阳。这就是易理中阴阳变换的原则。

（按语）要想阴谋有所作为，就不能在阴暗偏僻的地方施用。半夜偷东西，在偏僻的小巷里杀人，这是愚蠢庸俗的人的行为，不是谋士所应做的事。比如，隋朝开皇九年（589年），隋大举进攻陈国。在此以前，隋将贺若弼命令那些沿江的守备部队，每次调防时，都要在历阳集中，插上很多旗帜，军营帐篷遍地都是。陈国以为隋军大队人马集结，要来进犯，便马上集结国内全部兵力进行防御。事后才知道是隋军的守备部队调防，于是又把部队撤了回去。如此反复，陈国对隋军的做法习以为常，也就不再防备了。后来，等到贺若弼率领大军渡过长江，陈国人还没有察觉，隋军便很顺利地袭击并占领了南徐州。

经典事例

信陵君窃符救赵

公元前259年9月，秦昭王想包围赵国都城邯郸，一举灭亡赵国。秦王派王龁和郑安平为进攻邯郸的主将。

当邯郸被围时，赵国派人向魏国求救。

魏公子信陵君无忌，是魏安厘王同父异母的弟弟，他的姐姐是赵惠文王弟弟平原君的夫人。由于这种关系，公元前257年，魏王派将军晋鄙带了10万军队去相救。

秦王得知魏将出兵，就派使者去警告魏王。魏王非常恐惧，马上派人阻止晋鄙进军，要他在魏、赵边境的邺驻扎下来，观望事态发展。

邯郸非常危急。平原君见魏救兵迟迟不到，不断派遣使者去催促，并且责难信陵君：『即使你看不起我平原君赵胜，抛弃我，你难道不同情自己的姐姐吗？』

信陵君使用种种方式去向魏王游说，但魏王害怕秦的报复，始终按兵不动。信陵君不能说服魏王，而眼看赵国要灭亡，信陵君决计不苟且偷生，便把自己门下食客、家臣等都约来准备和这些人一道去和秦决一死战。

信陵君率领志愿军经过东门，见到了守门的老头侯生，把自己要去跟秦军决一死战的话告诉了他。分手的时候，侯生只冷冷地这么说：『你努力去干吧，我老了，不能跟你一道去！』

走了一段路程，信陵君心里想：『我平时没有得罪侯生的地方，现在我要去和人拼命，怎么没有半句话劝阻我或鼓励我，这确实奇怪。』便叫大家停下来，独自跑回去。

这时侯生站在门外，一见信陵君回来，便笑着说：『我早就料到你一定会回来找我的。』

『你怎么会知道的？』信陵君问。

『那还不简单！』侯生说，『你一向对我好，现在你要去送死，我反不给你送行，你心里一定不愉快，所以我料定你必然回来问我个明白！』

信陵君说：『很好，你猜得不错，我怕我有什么对不起先生的地方，会使你对我这么冷淡，所以想问个明白！』

『我知道你一向器重人才，养了这么多门客，但现在遇到了为难的事情，却毫无办法可想，只能去跟秦军拼命，

这正如把肥肉丢进虎口里，试问有什么益处呢？』

『我也知道没有什么益处，』信陵君答，『但平原君是我的姐夫，交情又深，眼下，他危在旦夕，我不能见死不救呀！虽然明知这样行动是无济于事的，实属万不得已，不知老先生有没有别的办法可想？』

『请进屋里去坐吧，大家商量商量！』

侯生把旁人遣开，细声问信陵君：『我听说现在魏王最宠幸的一个美人叫做如姬，是不是？』

『是的！』

『又听说如姬的父亲被人杀害，她怀恨了三年，从国王以下，都想为她报仇，却总是没有办法找到这个仇人。有一次她为这件事向你哭诉，你立刻派门客去侦查，很快就把仇人的头弄到了手，献给如姬，是否有这件事？』

『不错，真有此事。』

『那就好办了。』侯生的老眼一眨，继续说出了他的计划，『你能替如姬报了杀父之仇，她感激不已，就是为你牺牲生命，也决不会推辞的，你正好利用这个机会，从她身上打主意！』

『她是一个女流，有什么主意可打的？她又不能撒豆成兵！』信陵君表示失望。

『我再请问一句，』侯生说，『魏王是不是已派晋鄙统率了十万大军去救赵国？』

『是呀！可是魏王叫他在半路上停下来，不准前进。』

『且不必过问部队不进军的理由，但你可知道用什么办法会叫晋鄙进军吗？』

『自然是魏王的命令啦！』

『那么魏王下的命令凭什么做证据呢？』

『兵符。』

『这就对啦！』侯生霍然起身，信心十足地对信陵君说，『只要能把兵符弄到手，晋鄙的军权就归了你，魏军就可以立即开到邯郸去，赵国的危机不就解决了吗？喏，你听我说，魏王的兵符藏在卧室里，那地方只有如姬一个人才可以接近。你现在即刻去见她，只要你一开口，求她帮助，把兵符偷出来，她没有不答应的。这样你便可以把晋鄙的军权夺到手，就可以指挥大军，北面救了赵国，西面击败秦军，这可是了不起的功勋，是千载难逢的机会呀！』

信陵君果然采纳了侯生的意见，去请如姬想办法，如姬毫不推辞地说：『公子过去对我有大恩典，我正想找个机会报答你，何况这是公子的侠义行为，我无论如何都要完成这个任务。』

当晚，如姬特别设便宴把魏王灌醉，乘机盗窃了兵符，用一个花盒密封好，托近身的侍女连夜送到信陵君手里。

信陵君非常高兴，即刻去见侯生，并请教他还有什么高见。侯生说：『一个统帅在前线是绝对的权威，就是君主的命令也可以拒不接受。现在你拿了兵符前去，晋鄙仍然可以不把兵权交给你的，如果他说要再向大王请示一番，那事情就糟了。在这个危急关头，惟有断然处置才行。我有一个好友叫朱亥，是卖猪肉的，臂力过人，他可以帮这个

忙。到时晋鄙能顺利地交出兵权来，那是最好不过的；要是拒绝的话，叫朱亥当场将他打死便了。』

信陵君听了这番话，不由得心里一酸，当场哭了起来。

『怎么啦，你哭了？是怕死吗？』侯生惊奇地问。

『不，』信陵君说，『我并不怕死，是可怜晋鄙白白送了性命。』

『俗话说「无毒不丈夫」，这是国家大事，不这样又怎能达到目的呢？走吧！』

他们一同去找着了朱亥，把来意说了。朱亥便笑了起来，说：『我不过是一个卖肉的，承公子你这般看得起，几次亲自来照顾我，过去我一直没有答谢过你，是觉得这种小礼小节没有多大意义；现在公子有了急难，这才是我报答你的时候。』立即答应下来。

信陵君要出发了，来向侯生辞行。侯生告诉他：『照情理说，我也应该跟你一块儿去的，可惜年纪老了，去了也不中用。还是留在这儿，计算着你到晋鄙军中的那一天，我只有以自杀来报答你平生对我的知遇之恩了！』

信陵君率队到了邺城，假传魏王命令，要接替晋鄙的军权，晋鄙把兵符一验，的确不错，可是心里非常疑惑，两眼不停地打量信陵君，说：『我领兵十万驻守在国境上，责任是很重大的，现在你单身到来接替兵权，究竟是怎么一回事？我要请示一下魏王才能把兵权移交给你，好吗？』

朱亥在旁看到晋鄙明显不愿意接受信陵君的命令，迅速拿出事先藏在衣袖里面的那个四十斤重的铁锤，冷不防朝

晋鄙头上打去，晋鄙当场毙命。信陵君于是夺取了晋鄙的军权。

信陵君控制了部队以后，挑选精兵八万人，并下令向邯郸进军。

到进军的这一天，信陵君身先士卒，如出笼的猛虎，直闯秦国的军营，平原君也乘机倾城出击，杀得秦军措手不及，血流成河，仓仓皇皇地逃回秦国去。

就这样，邯郸的围解了，赵国也转危为安。从此，秦军再也不敢轻举妄动了。

楚庄王隐忍观变

在楚庄王即位之前，楚国的内政可谓经历了长期的混乱。楚庄王的爷爷楚成王意图争霸中原，被晋国在城濮之战中打败，不久却又祸起萧墙。起初，原定商臣为太子，但不知怎的，楚成王居然发现商臣眼如黄蜂，声如豺狼，生性残忍，想改立王子职为太子。为了把事情弄清楚，商臣故意设宴招待姑母，席间又轻侮姑母。商臣的姑母果然愤怒地说：『怪不得你父亲要杀了你另立太子！』因为楚成王遇事总与妹妹商量，所以，商臣认为姑母的话证实了传言。商臣连忙向老师潘崇问计，潘崇问：『你愿意侍奉公子职吗？』商臣说：『不愿。』又问：『你能逃出楚国吗？』回答说：『不能！』潘崇最后问道：『你能成大事吗？』商臣坚定地说：『能！』

公元前262年，商臣率领宫廷卫队冲进成王的宫殿，成王喜吃熊掌，这时红烧的熊掌尚未烧熟，成王请求等吃了熊掌再杀他，商臣说：『熊掌难熟。』他怕夜长梦多，外援到来，就催促成王上吊自杀，自己即位为楚穆王。穆王在

位12年，死后由其子侣即位，是为楚庄王。

楚庄王即位时很年轻，即位之始，他并未像其他新君上任那样雷厉风行地干一些事情，而是不问国政，只顾纵情享乐。他有时带着卫士姬妾去云梦等大泽游猎，有时在宫中饮酒观舞，浑浑噩噩，无日无夜地沉浸在声色犬马之中。每逢大臣们进宫汇报国事，他总是不耐烦地回绝，任凭大夫们自己办理。他根本不像个国君，朝野上下也都拿他当昏君看待。

看到这种情况，朝中一些正直的大臣都感到十分着急，许多人都进宫去劝谏，可楚庄王不仅不听劝告，反觉得妨碍了他的兴趣，对这些不着边际的劝告十分反感。后来干脆发了一道命令：谁再来进谏，杀无赦。

三年过去了，朝中的政事乱成一团，但楚庄王仍无悔改之意。

大夫伍参忧心如焚，再也忍不下去，冒死去晋见庄王。来到宫殿一看，只见酒池肉林，钟鼓齐鸣，庄王左手抱着郑国的姬妾，右手搂着越国的美女，案前陈列美酒珍馐，面前是轻歌曼舞。庄王看到伍参进来，当头问道：『你难道不知道我的命令吗？是不是来找死呢？』

伍参抑制住慌张，连忙赔笑说：『我哪敢来进谏，只是有一个谜语，猜了许久也猜不出，知道大王天生聪慧，想请大王猜一猜，也好给大王助兴。』

楚庄王这才放下脸，说道：『那你就说说看。』

伍参说：

高高山上，

有只奇怪的鸟，

身披鲜艳的五彩羽毛，

美丽而又荣耀，

只是一停三年，

三年不飞也不叫，

人人猜不透，

实在不知是只什么鸟……

当时的人喜欢说各种各样的谜语，称作『隐语』，这些『隐语』往往有一定的寓意，不像今天的谜语这样单纯，因此，人们多用这些『隐语』来讽谏或劝谏。楚庄王听完了这段话，思考了一会说：

三年不飞，

一飞冲天；

三年不鸣，

一鸣惊人。
此非凡鸟，
凡人莫知。

伍参听后，知道庄王心中有数，非常高兴，就又乘机进言道：『还是大王的见识高，一猜就中，只是此鸟不飞不鸣，恐怕猎人会射暗箭哪！』

楚庄王听后身子一震，随即就叫他下去了。

伍参回去后就跟大夫苏从商量，认为庄王不久即可觉悟，没想到几个月过去后，楚庄王仍一如既往，不仅没有改过，还越发不成体统了，苏从见状不能忍耐，就闯进宫去对庄王说：『大王身为楚国国君，即位三年，不问朝政，如此下去，恐怕会像桀、纣一样招致亡国灭身之祸啊！』

庄王一听，立刻竖起不逊眼，摆出一副暴君的形象，抽出长剑指着苏从的心窝说：『你难道没听到我的命令，竟敢辱骂我，是不是想死？』

苏从沉着从容地说：『我死了还能落个忠臣的美名，大王却落个暴君之名。如果我死能使大王振作起来，能使楚国强盛，我甘愿就死！』说完，面不改色，请求庄王处死他。

楚庄王等待多年，竟无一个冒死诤谏之臣，他的心都快凉了。这时，他凝视了几分钟，突然扔下长剑，抱住苏从

激动地说：『好哇，苏大夫，你正是我多年寻找的社稷栋梁之臣！』

庄王说完，立刻斥退那些惊恐莫名的舞姬妃子，拉着苏从的手谈起来。两人竟是越谈越投机，竟至废寝忘食。

苏从惊异地发现，庄王虽三年不理朝政，但对国内外事无巨细都非常关心，对朝中大事及诸侯国的情势都了如指掌，对于各种情况也都想好了对策。这一发现使苏从不禁激动万分。

原来，这是庄王的韬光养晦之策。他即位时十分年轻，不明世事，朝中诸事尚不明白，也不知如何干，况且人心复杂，尤其是若敖氏专权，不明所以，他更不敢轻举妄动。无奈之中，想出了这么一个自污以掩人耳目的方法，静观其变。在这三年中，他默默地考察了群臣的忠奸贤愚，也测试了人心。他颁布劝谏者死的命令，也是为了鉴别哪些是甘冒杀身之险而正直敢言的耿介之士，哪些是只会阿谀奉承只图升官发财的小人。如今，三年过去，他年龄已长，经历已丰，才干已成，人心已明，他也就露出庐山真面目了。

第二天，他就召集百官开会，任命了苏从、伍参等一大批德才兼备的大臣，公布了一系列的法令，还采取了削弱若敖氏的措施，并杀了一批罪大恶极的犯人以安定人心。从此，这只『三年不鸣』的『大鸟』开始励精图治，争霸中原，终于成为春秋五霸之一。从其所作所为及对霸业的认识水平来看，都应该算是首屈一指的。

楚庄王的韬光养晦并非在遭到失败与挫折时才被迫进行的，而是为了更好地掌握未来而主动地进行的，这尤其需要耐心、修养、智谋和胆识。

在中国历史上，像楚庄王这样做的人还不算太多，但这足以给我们提供一个有益的启示：即使在一帆风顺的时候，也要注意使用各种方法增长自己的见识，砥励自己的才能。

示假隐真生财道

克罗克原先是美国的一个穷光蛋，没读完中学就出来做工，以养家糊口，维持生存。后来，他在一家工厂当上了推销员，一方面收入有了一定的提高，生活有了明显的改善；另一方面，也是更主要的，他在推销产品过程中走南闯北，结识了不少人，交了许多朋友，增长了见识，积累了大量有关经营管理方面的宝贵经验。一段时间后，他开始越来越不满足于给别人当雇员了，一心想创办自己的公司。

可选择哪一行呢？『民以食为天』，随着人们工作生活节奏的加快，他通过市场调查发现当时美国的餐饮业已远远不能满足已变化了的时代的要求，亟需改革，以适应亿万美国人的快餐需求。

想归想，要将其变成现实就不是那么容易的事情了，必须为之付出一定的代价。克罗克面临的首要问题就是资金问题，要实现鸿鹄之志没有启动资本就如同『水中月』、『镜中花』，可望而不可即。『一分钱难倒英雄汉』这话一点不假。对于一贫如洗的克罗克来说，自己开办餐馆又谈何容易呢？

思来想去，他终于想出了一个好办法，他在做推销员工作时，曾认识了开餐馆的麦克唐纳兄弟，自己倒不如凭双方交情先打入其内部学习，以最终实现自己的伟大抱负。

主意已定，他找到麦氏兄弟，对其进行了一番赞美后，话锋一转，开始讲述自己目前的窘境，待博得对方的同情后，便不失时机地恳请麦氏兄弟无论如何要帮他这个忙，答应他留在餐馆做工，哪怕是做一名跑堂的小伙计也行，否则，他的日常生活将面临危机。

在过去一段时间的接触中，克罗克深知这两位老板的心理特点。为尽早实现自己的远大目标，他又主动提出在当店员期间兼做原来的推销工作，并把推销收入的5%让利给老板，麦氏兄弟见有利可图且又考虑到眼下店里确实人手不足，便十分爽快地答应了他的要求。

克罗克进入快餐店后，很快就掌握了其实力与条件。为取得老板的信任，他工作异常勤奋，起早贪黑，任劳任怨；他曾多次建议麦克兄弟改善营业环境，以吸引更多的顾客；并提出配制份饭、轻便包装、送饭上门等一系列经营方法，以扩大业务范围，增加服务种类，获取更多的营业收入；还建议在店堂里安装音响设备，使顾客更加舒适地用餐；他还大力改善食品卫生，狠抓饮食质量，以维护服务信誉；认真挑选店堂服务员，尽量雇佣动作敏捷、服务周到的年轻姑娘当前方招待；而那些牙齿不整洁、相貌平常的人则安排到后方工作，做到人尽其才，确保服务质量，更好地招徕顾客。当然，他的每一项改革都使老板感到满意，因为，他的言谈举止总是表现得那么坦诚，那么可信赖，给人留下谦虚谨慎的极好印象。由于他经营有道，为店里招徕了不少顾客，生意越做越好，老板对他更是言听计从，百依百顺了。餐馆名义上仍是麦氏兄弟的，但实际上餐馆的经营管理、决策权完全掌握在克罗克的手中。这一切正是通

向其最终目的的铺路石，可怜的两位老板一直蒙在鼓里，对此并无丝毫戒心，甚至还在暗自庆幸当时留下克罗克的决定是对的，多亏他的有效管理和辛勤治店，餐馆的生意才这么兴隆，财源滚滚而来，大有『伯乐相识千里马』之自豪与快慰。

不知不觉，克罗克已在店里干了6个年头。他的羽毛渐渐丰满，翅膀越来越硬，展翅腾飞的时机日趋成熟，便暗暗加快了行动步伐，他通过各种途径筹集到了一大笔贷款。

该与麦氏兄弟摊牌了，他想，事到临头，不容再难为情，继续拖延下去了，他谙熟两位老板素来喜欢贪图眼前利益，为一时的需要常常会忘记原来最基本的要求。为此，克罗克充分做好了谈判前的思想准备。

1961年的一个晚上，克罗克与麦氏兄弟进行了一次很艰难的谈判。起初，克罗克先提出较为苛刻的条件，对方坚决不答应，克罗克稍作让步后，双方又经过激烈的讨价还价，最终克罗克以270万美元的现金，买下麦氏餐馆，由他独自经营。麦氏兄弟尽管有种种忧虑与不安，但面对如此诱人的价格，他们终于动心了。『270万美元，整整270万美元呀！这么优惠的价格，傻瓜才会不接受呢！』双方就此达成协议，并很快进行了产权交割，办理了有关移交手续。

第二天，该餐馆里发生了引人注目的主仆易位事件，店员居然炒了老板的鱿鱼，这在当时可以说是当地一特大爆炸新闻，引起了巨大的轰动，而快餐馆也借众人之口，深入人心，大大提高了其在美国的知名度。到此为止，克罗克的『瞒天过海』之计也基本达到了预期目的。

克罗克入主快餐馆后，经营、管理更加出色，很快就以崭新的面貌享誉全美，在不长的时间内，270万美元就全部捞了回来。又经过20多年的苦心经营，总资产已达42亿美元，成为国际十大知名餐馆之一。

克罗克实施『瞒天过海』计的成功，就在于他了解麦氏兄弟的脾气性格，仅以让利5%就轻易打入了麦氏快餐馆；随后通过长时间的潜移默化，对老板的刻意奉迎，换取了兄弟俩的信赖，使兄弟俩认为他处处替自己着想，感到双方利益一致，便自动消除了对他的猜忌，愉快地接受了他的多种建议。经过逐步渗透、架空，老板本已『名存实亡』，最后一场交易，全部吃掉了麦克唐纳快餐馆，双方谈判以克罗克的『瞒天过海』计大功告成而宣告结束。

无独有偶，在日本也发生了一个类似的示假隐真，店老板巧发财的故事。

某年秋天，在日本的神户有家经营煤炭的商会正式挂牌营业了，周围充满了欢庆的气氛。该商会的老板就是少年得志、气宇不凡的久永君。说起来，他成立商会还多亏父亲的老友藤泽先生慷慨解囊和全力相助，对此厚意，久永君刻骨铭心，念念不忘，并随时准备报答，正像中国古话所说：受人滴水之恩，当以涌泉相报。

开业没几天，来了一位客人，自称是当时神户最有名的饭店——春山饭店的侍者，请求约见商会老板，并恭恭敬敬地递上一份请柬及一份举荐书。久永君接过请柬，只见上书：久永先生亲启，落款：山口三太郎。久永君看了一眼来者，疑惑地打开请柬及举荐书，待阅完后，才知是藤泽先生部下道原举荐来人山口三太郎与其做煤炭生意，为表示谢意，山口三太郎准备在春山饭店略备薄酒一桌，以便席间向久永君请教生财之道，请柬中字里行间都充满了对久永

君的无限敬慕之情。既然是自己恩人部下举荐的朋友，焉敢怠慢，不看僧面还得看佛面呢。他向山口三太郎讲了几句客套话后，便欣然应允，表示愿意于今晚前去赴约。

夜幕很快笼罩了大地。久永君换上一身笔挺的西装，帅气十足地来到春山饭店，山口三太郎早已在那里恭候大驾光临了。一进饭店大门，久永君就受到了周到热情的服务，酒席上的美味佳肴令他大饱口福，再加上山口三太郎不时地阿谀奉承，久永君不免有些飘飘然，得意洋洋起来……

酒酣耳热之际，正是谈判的好机会。山口三太郎深谙此道，他认为时机已到，便态度极真诚地向久永君提议到：『久永先生，我有一个好朋友阿部君，是日本横滨的一个著名的煤炭零售商，信誉好，客户多，生意很兴隆，如果先生您信得过我并愿意给我提供一个为您效劳的机会，我很乐意为你们从中牵线搭桥。对于您，可以由此扩大煤炭销售量，增加销售渠道，从而加速资金周转，取得更多的收益；对于我的好朋友阿部君来说，由此便会拥有可靠而稳定的货源，经营也会更有起色，至于我本人，只想从您那里得到一定量的佣金即可。』

久永君听罢此言，并未立即作答，他在犹豫不决，双方谈判陷入了僵局。

山口三太郎瞥了对方一眼，并没有逼对方马上做出决定，而只是若无其事地招来服务小姐：『小姐，听说你们神户的特产瓦砾烧饼味道不错，能否劳您驾给我买些来？』说着，便从口袋中掏出一大沓子钱来，并随意从中抽出两张大额的作为小姐的小费。

久永君望着那厚厚的一叠票子，再看看山口三太郎付小费时的洒脱样，断定对方肯定是个资金实力雄厚的大老板，与其做生意不会有什么危险的，便主动与山口三太郎就煤炭交易一事做了详尽的洽谈，爽快地答应了其要求。

待酒足饭饱，双方正式达成协议后，两人握手言别。待久永君一离开，山口三太郎就急急忙忙奔向汽车站，以便搭末班车返回横滨，今天在春山饭店这样的高消费对他简直太奢侈了，怎能是他所承受得起的呢？

久永君做梦都不会想到，山口三太郎其实只不过是横滨的一个小煤炭经理商，眼看着要关门破产，生意做不下去了，他从朋友那里得知久永君与藤泽、道原君的特殊关系后，便以自己的煤炭店作抵押向银行贷了一部分款；并以欲与久永君做煤炭生意为借口请道原君为其写了一封举荐信；然后，再借助于春山饭店这一堂而皇之的大舞台，成功地上演了一出『瞒天过海』戏，一切都是那么自然而然，顺理成章，山口三太郎高超的谈判本领使他不花分文，将久永君煤炭商会的煤，转手卖给阿部的零售店，一进一出，一来一去，获利颇丰，一度濒临倒闭的小煤炭经理店又如日中天，蓬勃发展起来。

第二计　围魏救赵

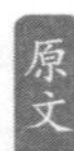

共敌①不如分敌②，敌阳③不如敌阴④。

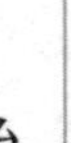

治兵如治水：锐者避其锋，如导流⑤；弱者塞其虚，如筑堰⑥。如当齐救赵时，孙子谓田忌曰：『夫解杂乱纠纷者不控拳⑦，救斗者，不搏击。批亢捣虚⑧，形格势禁⑨。则自为解耳。』

注释

①共敌：集中的敌人。也作使敌人兵力集中。②分敌：分散的敌人。也作使敌人兵力分散。③敌阳：正面攻击敌人。④敌阴：背后偷袭敌人。⑤导流：疏导、分流。《孙子·虚实篇》：『夫兵形象水。水之形，避高而趋下；兵之形，避实而击虚。水因地而制流。兵因地而制胜。故兵无常势，水无常形；能因敌变化而取胜者，谓之神。』⑥筑堰：修筑堤坝。⑦控拳：用拳头砸。⑧批亢捣虚：亢，咽喉部位，形容要害；虚，虚弱的地方。批，用手打，引申为攻击。攻击其要害和虚弱点。⑨形格势禁：格，阻止，阻碍。禁，禁止，禁阻。即被形势所阻碍。

译文

与其攻打集中的强敌，不如迫使敌人分散兵力。应该避免与敌人正面交锋，而迂回到敌人的后方，偷袭敌人。

（按语）对敌作战如同治水：对于来势凶猛的敌人，要避开它的锋芒，如同疏导洪水；对于弱小的敌人，却要堵绝它的漏洞，如同筑堤修坝一样，一举围歼。例如战国时当齐国去营救赵国时，孙膑对田忌说：『要解开杂乱纠结的一团绳索，不能用拳头去打；要劝解打架，不能自己动拳打人。攻击敌人的要害和空虚部位，使他们受到危急形势的阻碍和逼迫，战事就自然而然地解决了。』

经典事例

围魏救赵平诸吕

汉高祖刘邦的皇后吕氏，是女中豪杰。在刘邦去世后，牢牢地控制住了政权。在她当政的十余年间，她妒杀戚夫人、毒死赵王如意、削弱刘姓宗室势力、分封吕姓诸王。但刘姓宗室势力与开国功臣集团尚无法清除，因此她处心积虑与刘姓诸王及功臣势力抗衡，试图巩固自己的统治。

吕后八年七月，吕后病重，于是下令任命赵王吕禄为上将军，统帅北军；吕王吕产统帅南军。太后告诫吕产、吕禄说：『封立吕氏为王，大臣心中多不服。我一旦去世，皇帝年幼，恐怕大臣们乘机向吕氏发难。你们务必要统率禁军，严守宫廷，千万不要为送丧而轻离重地，以免被人所制！』辛巳（三十日），太后去世，留下遗诏：大赦天下，命吕王吕产为相国，以吕禄之女为皇后。吕后丧事处理完毕，诸吕本打算乘机发难，因惧怕大臣周勃、灌婴等人，不敢贸然行事。朱虚侯刘章娶吕禄之女为妻，所以得知吕氏的阴谋，就暗中派人告知其兄齐王刘襄，让齐王统兵

西征，朱虚侯、东牟侯为他做内应，图谋诛除吕氏，立齐王为皇帝。齐王就与他舅父驷钧、郎中令祝午、中尉魏勃暗中密谋发兵。齐国丞相召平反对举兵。八月，丙午（二十六日），齐王准备派人杀丞相召平；召平得知，就发兵包围了王宫。魏勃欺骗召平说：『齐王没有汉朝廷的发兵虎符，就要发兵，这是违法之罪。您发兵包围了王宫本是好办法，我请求为您带兵入宫软禁齐王。』召平信以为真，让魏勃指挥军队。魏勃掌握统兵权之后，就命令包围相府；召平自杀。于是，齐王命驷钧为相，魏勃为将军，祝午为内史，征发齐国的全部兵员。齐王派祝午到东面的琅琊国，欺骗琅琊王刘泽说：『吕氏在京中发动变乱，齐王发兵，准备西入关中诛除吕氏。齐王因为自己年轻，又不懂得军旅战阵之事，自愿把整个齐国听命于大王的指挥。大王您在高祖时就已统兵为将，富有军事经验；请大王光临齐都临淄，与齐王面商大事。』琅琊王信以为真，迅速赶往临淄见齐王。齐王乘机扣留了琅琊王，而指令祝午全部征发琅琊国的兵员，并由自己统帅。琅琊王对齐王说：『大王是高皇帝的嫡长孙，应当立为皇帝；现在朝中大臣对立谁为帝犹豫不定，而我在刘氏宗室中年龄最大，大臣们本来就等着由我决定择立皇帝的大计。现在大王留我在此处，我无所作为，不如让我入关计议立帝之事。』齐王认为他说得有道理，就准备了许多车辆为琅琊王送行。琅琊王走后，齐王就出兵向西攻济南国；齐王还致书于各诸侯王，历数吕氏的罪状，表明自己起兵灭吕的决心。

相国吕产等人闻齐王举兵，就派颍阴侯灌婴统兵征伐。灌婴率军行至荥阳，与其部下计议说：『吕氏在关中手握重兵，图谋篡夺刘氏天下，自立为帝。如果我们现在打败齐军，回报朝廷，无异于助了吕氏一臂之力。』于是，灌婴

就在荥阳屯兵据守，并派人告知齐王和诸侯，约定互通声气，静待吕氏发起变乱，即联合诛灭吕氏。齐王得知此意，就退兵到齐国的西部边界，待机而动。

吕禄、吕产想发起变乱，却又惧怕朝中绛侯周勃、朱虚侯刘章等人难以控制，畏惧关外有齐国和楚国等宗室诸王的重兵，更恐怕手握军权的灌婴背叛吕氏，打算等灌婴所率汉兵与齐军交战之后再动手，所以犹豫未决。

此时，济川王刘太、淮阳王刘武、常山王刘朝及鲁王张偃都年幼，没有就职于封地，居住于长安；赵王刘禄、梁王吕产分别统率南军和北军，是吕氏一党。列侯群臣都无法掌握自己的命运。

太尉绛侯周勃手中没有军权。曲周侯郦商年老有病，其子郦寄与吕禄结为密友。绛侯就与丞相陈平商定一个计策，派人劫持了郦商，让他儿子郦寄去欺骗吕禄说：『高帝与吕后共同安定天下，立刘氏九人为诸侯王，立吕氏三人为诸侯王，都是经过朝廷大臣议定的，并已向天下诸侯公开宣布，上下都认为理应如此。现在太后去世，皇帝年幼，您身佩赵王大印，不立即返回封国镇守，却出任上将，在京师统率禁军，必然会受到大臣和诸侯王的猜忌。您为何不交出将印，把军权还给太尉，请梁王归还相国大印给朝廷，您二人与朝廷大臣盟誓结好，各归封国。这样，齐兵就会撤走，大臣也得以心安，您就可以高枕无忧地去做方圆千里的一国之王了。这是造福于子孙后代的事。』吕禄认为郦寄说得有道理，想把军队交给太尉统率；派人把这个打算告知吕产及吕氏长辈，有人同意，有人反对，一时难下决断。

吕禄信任郦寄，经常结伴外出游猎，途中曾前往拜见其姑母吕须女。吕须女大怒说：『你身为上将而轻易地离军游猎，吕氏难以保全了！』吕须女把家中珍藏的珠玉、宝器全拿出来，抛散到堂下，说：『也不必为别人珍藏这些东西了！』

九月，庚申（初十）清晨，行使御史大夫职权的平阳侯曹，前来与相国吕产议事。被派往齐国的使臣郎中令贾寿，自齐国返回。贾寿批评吕产说：『大王不早些去封国，现在即便是想去，还来得及吗？』贾寿把灌婴已与齐、楚两国联合欲诛灭吕氏的内幕告诉了吕产，并且督促吕产迅速入据皇宫，设法自保。平阳侯曹听到了贾寿的话，快马加鞭，赶来向丞相和太尉报告。

太尉想进入北军营垒，但被阻止不得入内。襄平侯纪通负责典掌皇帝符节，太尉命令他手持信节，伪称奉皇帝之命接纳太尉进入北军营垒。太尉又命令郦寄和典客刘揭先去劝说吕禄：『皇帝指派太尉代行北军指挥职务，要您前去封国。立即交出将印，离京赴国！否则，必然大祸临头！』吕禄认为郦寄是至交，不会欺骗自己，就解下将军印绶交给典客刘揭，而把北军交给太尉指挥。太尉进入北军时，吕禄已经离去。太尉进入军门，下令军中说：『拥护吕氏的袒露右臂膀，拥护刘氏皇室的袒露左臂膀！』军中将士全都袒露左臂膀。太尉就这样取得了北军的指挥权。但是，还有南军未被控制。丞相陈平命令朱虚侯刘章辅佐太尉。太尉令朱虚侯严守军门，又令平阳侯曹转告统率宫门禁卫军的卫尉说：『不许相国吕产进入殿门！』

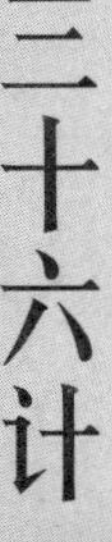

吕产不知吕禄已离开北军，进入未央宫，准备发起军事政变。吕产来到殿门前，禁卫军士阻止他入内，急得他在殿门外徘徊往来。平阳侯恐怕难以制止吕产入宫，策马告知太尉。太尉还怕未必能战胜诸吕，没敢公开宣称诛除吕氏，就对朱虚侯说：『立即入宫监护皇帝！』朱虚侯请求派兵同往，太尉拨给他一千多士兵。朱虚侯进入未央宫门，见到吕产正站立于庭中。时近傍晚，朱虚侯立即率兵向吕产冲击，吕产逃走。天空狂风大作，吕产所带党羽亲信慌乱，都不敢接战搏斗；朱虚侯等人追杀吕产，在郎中府的厕所中将吕产杀死。朱虚侯已杀吕产，皇帝派谒者持皇帝之节前来慰劳朱虚侯。朱虚侯要夺皇帝之节，谒者拼死不放手，朱虚侯就与持节的谒者共乘一车，以皇帝之节为凭借，驱车进入长乐宫，斩长乐卫尉吕更始。事毕返回，驰入北军，报知太尉。太尉起立向朱虚侯表示祝贺说：『最令人担忧的就是吕产。现在吕产被杀，天下已定！』于是，太尉派人分头逮捕所有吕氏男女，不论老小一律处斩。辛酉（十一日），捕斩吕禄，将吕须女乱棒打死，派人杀燕王吕通，废除鲁王张偃。戊辰（十八日），周勃、陈平等决定改封济川王刘太为梁王，派朱虚侯刘章去告知齐王，吕氏已被诛灭，令齐罢兵。

综观这次事变，陈平、周勃两次实施的都是避实就虚的策略。第一次是让吕禄交出兵权，避开吕禄握有能征善战的北军指挥权的实，就吕禄意欲保全利禄的虚，乘机夺得兵权，将不利化为有利。第二次是阻挡吕产进入未央宫，避开吕产指挥南军的权力之实，就吕产犹豫不决之虚，乘其不备而实施进攻，最终掌握胜券。这就是避开凶险，以己之长攻敌之短的成功事例。

李郭乱兵毁长安

汉献帝初平三年（192年），董卓作乱，被王允设计诛杀。

起初，吕布劝王允把董卓的部下全部杀死，王允说：『这些人没有罪，不能处死。』吕布想把董卓的财物赏赐给朝中大臣及统兵将领，王允又没有答应。王允一向把吕布视为一员武将，不愿他干预朝政。而吕布认为自己诛杀董卓有功，到处夸耀。既然屡次失望，心中逐渐不高兴。王允性情刚直方正，嫉恶如仇，当初因为畏惧董卓，不得不委屈低头。董卓被诛之后，他自认为不会再有什么祸难，颇为骄傲，因此部属们对他并不十分拥戴。

王允起初曾与谋士孙瑞商议，特别下诏赦免董卓属下的将领及士兵。接着又感到迟疑，说道：『部将们只是遵从主人的命令，本无罪可言。如今要把他们作为恶逆之人予以赦免，恐怕反会招致他们的猜疑，并不是令他们安心的办法。』因而没有颁布赦书。后又商议全部解散董卓所统率的军队。有人对王允说：『凉州人一直害怕袁绍，畏惧关东的大军。如今若是一旦解散军队，打开函谷关，董卓的部下一定会人人自危。可任命皇甫嵩为将军，率领董卓的旧部，并留驻陕县以进行安抚。』王允说：『不然，关东的义兵将领与我们是一致的，现在如果再将大军留驻陕县，扼守险要，虽然安抚了凉州人，却会使关东将领起疑，这是不行的。』

当时，百姓中盛传要杀死所有的凉州人，于是那些原为董卓部下的将领惊恐不安，全都控制住军队，以求自保。他们还相互传言：『蔡邕只因受过董卓的信任和厚待，尚且被牵连处死。现在既没有赦免我们，而又要解散我们的军

队。如果今天解散军队，明天我们就会成为任凭宰杀的鱼肉了。』吕布派李肃前往陕县，宣布皇帝诏命，诛杀牛辅。牛辅等率军迎击李肃，李肃战败，逃回弘农，被吕布处死。牛辅心中惶恐不安。恰巧遇上军营中无故发生夜惊，牛辅想弃军逃走，被左右亲信杀死。李傕等回到大营时，牛辅已死，李傕等无以依靠，便派使者前往长安请求赦免。王允回答说：『一年之内，不能发布两次赦免令。』拒绝了他们的请求。李傕等更加害怕，不知如何是好，打算解散军队，各人分别走小路逃回家乡。讨虏校尉、武威人贾诩说：『如果你们放弃军队，孤身逃命，只需一个亭长就能把你们捉起来，不如大家齐心合力，西进攻打长安，去为董卓报仇。如果事情成功，可以拥戴皇帝以号令天下，如若不成，再逃走也不迟。』李等同意。于是一起宣誓结盟，率领着数千人马，昼夜兼程向长安进发。王允知道胡文才、杨整修都是凉州有威望的人物，便召见胡、修二人，想让他们去东方会见李傕等人，解释误会。可是王允在面见他们时，并没有和颜悦色，而是说：『这些潼关东面的鼠辈，想要干什么？你去把他们叫来！』因此胡文才和杨整修去见李傕等人，实际上是把大军召回长安。

李傕沿途招集人马，等到达长安时，已有十多万之众。他们与董卓旧部樊稠、李蒙等会合，一起包围了长安。长安城墙高大，无法进攻。守到第八天，吕布属下的蜀郡士兵叛变。六月，戊午（初一），叛军引李部队入城，李傕等放纵士兵大肆抢掠。吕布与李傕等在城中交战不胜，便率领数百名骑兵，把董卓的头颅挂在马鞍上，突围出走。他在青琐门外停马，招呼王允一起逃走，王允回答说：『如果得到社稷之灵保佑，国家平安，这是我最大的愿望，如

果此愿不能实现，那么我将为之献出生命。如今皇帝年龄幼小，只能倚仗着我，遇到危险而自己逃命，我不忍心这样做。请勉励关东的各位将领，常将皇帝和国家大局放在心上。』太常种拂说：『身为国家大臣，不能禁止暴力，抵御凌辱，致使刀枪指向皇宫，还想逃到哪里！』于是奋战而死。

李傕、郭汜等驻扎在南宫掖门，杀死太仆鲁馗、大鸿胪周奂、城门校尉崔烈、越骑校尉王颀等人，官吏和百姓被杀一万余人，尸体散乱地堆满街道。王允扶着献帝逃上宣平门，躲避乱兵。李傕等人在城下伏地叩头，献帝对李傕等人说：『你们放纵士兵，想要做什么？』李傕等说：『董卓忠于陛下，却无故被吕布杀害，我们为董卓报仇，并不敢做叛逆之事。待到此事了结之后，我们情愿上廷尉去领受罪责。』李傕派兵围住宣平门楼，联名上表，要求司徒王允出面，问道：『太师董卓有什么罪？』王允被逼无奈，只好走下楼来面见李傕等人。己未（初二），大赦天下。任命李傕为扬武将军，郭汜为扬烈将军，樊稠等人都为中郎将。李傕等逮捕司隶校尉黄琬，将他处死。

起初，王允任命同郡人宋翼为左冯翊，王宏为右扶风。李傕等想要杀死王允，又恐怕他们起兵反抗，于是先要献帝下诏征召宋翼、王宏。王宏派人对宋翼说：『郭汜、李傕因为我们两个在外握有兵权，所以不敢杀害王允。如果今日应召，明日就会全族被害，你有什么办法吗？』宋翼回答说：『虽然祸福无法预料，然而皇帝的诏命是不能违抗的。』王宏使人说：『关东诸州、郡义兵的像滚水沸腾，想要诛杀董卓，如今董卓已死，他的党羽容易制服。如果起兵一同讨伐李傕等人，与关东诸军相互呼应，正是转祸为福的上策。』宋翼不同意，王宏孤立不能成事，于是双双接

受征召。甲子（初七），李傕逮捕王允、宋翼、王宏，一齐处死。王允的家小也都被杀死。王允临死之前辱骂道：『宋翼，你这个没用的腐儒，真不足以与你商议国家大事！』李傕把王允的尸体放置在闹市之中，没有人敢来收尸。李郭二人遂得以把持朝政。

征西将军马腾为私事有求于李傕，因未得到满足而大怒，打算部署军队进攻李傕。献帝派遣使者进行调解，马腾不肯听从。韩遂率军从金城郡来调解马腾与李傕的纠纷，结果反而又与马腾联合。谏议大夫种劭、侍中马宇、右中郎将刘范策划让马腾进袭长安，自己做内应，以诛灭李傕等人。壬申（疑误），马腾、韩遂率军进驻长平观。种劭等人的计划泄露，他们便从长安出逃，跑到槐里。李傕派樊稠、郭汜及自己的侄子李利发动进攻，马腾、韩遂兵败退回凉州。樊稠等又进攻槐里，种等人全都被杀。庚申（疑误），下诏赦免马腾等人。

樊稠进攻马腾、韩遂时，李傕的侄子李利作战不很出力，樊稠斥责他说：『人家要来砍你叔父的人头，你还胆敢如此松懈，难道我不能杀你吗！』马腾、韩遂败退时，樊稠军追到陈仓，韩遂对樊稠说：『本来咱们之间争的不是个人仇怨，而是国家大事。我与你都是同州人，临别前想再说几句知心话。』于是各自命令军士后退，他们两个人骑马上前对话，相互握手致意，交谈很久才告别。大军回到长安后，李利报告李傕说：『樊稠与韩遂两人马头相交地密谈，不知道谈话的内容，只看到他们很亲近。』李傕也因为樊稠作战勇猛而得到部属拥戴，对他有猜忌之心。樊稠准备率军东出函谷关，向李傕要求增加军队。二月，李傕请樊稠商议军情，就在会上派人杀死樊稠。从此以后，将领们之间相互猜忌，不能团结一致。

李傕经常摆下酒宴款待郭汜，有时还留郭汜住宿在自己家中。郭汜的妻子恐怕郭汜会喜欢上李家的侍女，想用计阻止郭汜前往。正好李傕送来食物，郭汜妻把豆豉说成毒药，挑出来给郭汜看，说：『一群鸡中容不下两只公鸡，我实在不明白将军为什么这样信任李傕。』另一天，李傕又宴请郭汜，郭汜饮酒过量而大醉。他疑心酒里有毒，就喝下粪汁来使自己呕吐。于是，他们各自部署队伍，相互攻击。

汉献帝兴平二年（195年），李傕派侄子李暹率领数千名兵士包围皇宫，用三辆车迎接献帝到自己营中。太尉杨彪说：『自古以来，帝王从没有住在臣民家中的，你们做事，怎么能这样呢！』李暹说：『将军的计划已经定了。』于是，群臣徒步跟在献帝的车后出宫。军队立即就进入宫殿，抢掠宫女和御用器物。献帝到李营中后，李又将御府所收藏的金帛搬到自己营里，随即放火将宫殿、官府和百姓的房屋全部烧光。献帝又派公卿调解李傕、郭汜的矛盾，郭汜就把太尉杨彪及司空张喜、尚书王隆、光禄勋刘渊、卫尉士孙瑞、太仆韩融、大鸿胪荣、大司农朱俊、大将梁邵、屯骑校尉姜宣等都扣留在营中，作为人质。

李傕、郭汜相互攻击，一连几个月，死者数以万计。六月，李傕部将杨奉打算谋杀李傕，计划泄露，便率领部下背叛李傕，李傕的势力逐渐衰落。庚午（疑误），镇东将军张济从陕县来到长安，打算调解李傕与郭汜的争端，迎接献帝前往弘农。献帝也思念旧京洛阳，便派遣使者到李傕、郭汜营中传达圣旨。使者反复十次，李傕与郭汜才

答应讲和，但要互相交换爱子，作为人质。李傕的妻子疼爱儿子，不肯送走，所以和约没有谈成。而在这段时间，李傕部下的羌人与胡人不断地到献帝住地的大门窥探，说：『皇帝在这里面吧！李傕答应赐给我们的宫女，如今都在什么地方？』献帝大为不安，派侍中刘艾对宣义将军贾诩说：『你以前对国家忠心耿耿，恪尽职守，因此得到提拔忆，享受荣耀。如今羌人与胡人塞满道路，骚扰天子，你应该筹划一个对策。』于是，贾诩大开酒宴，款待羌人和胡人的首领，许诺授予他们爵位和赏赐财物，这些羌人和胡人才全部离去，李傕从此势力单弱。于是又有人提出和解的建议，李傕便同意与郭汜讲和，相互交换女儿做人质。

秋季，七月，甲子（疑误），献帝乘车出宣平门，正要过护城河桥，郭汜部下数百名士兵在桥上拦住去路，问：『这是不是天子？』献帝车驾无法前进。李傕部下数百名士兵，全都手执大戟守在车前，两军就要交手，侍中刘艾大声喊：『真的是天子！』让侍中杨琦把车帘高高掀起，献帝说：『你们怎敢这样迫近至尊！』郭汜的兵才撤退，渡过桥后，官兵一起高呼：『万岁！』晚上走到霸陵，侍从官员与卫士都饥饿不堪，张济根据各人官职大小，分别给予饮食。李傕也离开长安，驻军池阳。

丙寅（疑误），献帝任命张济为骠骑将军，允许他开府置僚属，待遇与三公相同。任命郭汜为车骑将军，杨定为后将军，杨奉为兴义将军，都封为列侯。又任命已故牛辅的部将董承为安集将军。

郭汜想让献帝前往高陵，大臣们与张济都认为应该去弘农，召开大会进行商议，但决定不下。献帝派使者去告诉

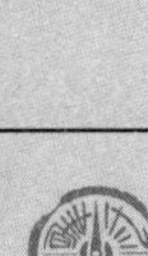

郭汜：『我只是因为弘农离祭祀天地之处和祖先宗庙较近，并无别的意思，将军不要多疑。』郭汜仍不服从。于是献帝整天不肯进食。郭汜听到后说：『可以暂且先到一个最近的县城，再作商议。』八月，甲辰（初六），献帝到达新丰。丙子（疑误），郭汜又阴谋胁迫献帝西还，定都县。侍中种辑得到消息，秘密通知杨定、董承、杨奉，命令他们到新丰来会合。郭汜知道阴谋败露，于是抛弃他的军队，逃入终南山。

李郭二人兵败势消，纷纷退出了历史舞台。

关羽大意走麦城

汉献帝建安二十四年，关羽令南郡太守麋芳守卫江陵，将军士仁守公安，他亲自率军向樊城的曹仁进攻。曹仁派左将军于禁，立义将军庞德等人驻守樊城北面。八月，天降大雨，汉水泛滥，平地水数丈深，于禁等七路兵马都被大水所淹。于禁和将领们登到高处避水，关羽则乘大船向曹军进攻，于禁等无处可逃，只好投降。庞德站在堤上，身穿铠甲，手挽弓箭，箭无虚发，自清晨拼力死战。至过午，关羽的进攻愈来愈急。庞德的箭射尽了，又与关羽等短兵相接，愈战愈怒，胆气愈壮，而水势愈来愈大，部下的官员和士兵都投降了。庞德欲图乘小船回到曹仁的军营，小船被大水冲翻，弓箭也掉在水里，只有他一人在水中抱住翻船。在被关羽俘虏后，不肯屈服下跪。关羽对他说：『你的兄长在汉中，我准备以你为我的将领，为什么不早早投降呢？』庞德大骂说：『小子，为什么投降你！魏王统帅百万大军，威震天下；你家刘备不过是个庸才，岂能对抗魏王！我宁可做国家的鬼，也不做你们这些贼人的将领！』关羽杀

掉了庞德。魏王曹操闻知此事，说：『我和于禁相知三十年，为什么在紧急关头，于禁反而不如庞德的两个儿子为列侯。

关羽向樊城发起猛攻，城中进水，城墙被水冲坏，城中士兵们惊恐不安。有人对曹仁说：『现在的危险，靠我们的力量很难解围，应该趁关羽的包围尚未完成，乘轻便船只连夜退走。』汝南太守满宠说：『山洪来得快，去得也快，我想不会滞留很久。据说关羽已经派别的部队至郏下，许都以南百姓混乱不安。关羽之所以不敢急于北进，是顾虑我们攻击他的后路。如果我军退走，黄河以南地区，就不再为国家所有了，您应该在这里坚守以待。』曹仁说：『你说得对！』于是将白马沉入河中，与将士们盟誓，齐心合力，坚守樊城。城中将士只有数千人，未被水淹没的城墙也仅有几尺高。关羽乘船至城下，重重将樊城包围，使其内外断绝。关羽又派别的将领把将军吕常包围在襄阳。荆州刺史胡修、南乡太守傅方都投降了关羽。

关羽水淹七军，威震华夏。曹操不敌，准备迁都以避敌锋。这时曹操的司马司马懿、西曹属蒋济献计曰：『于禁等为水所没，非战攻之失，于国家大计未足有损。刘备、孙权，外亲内疏，关羽得志，权必不愿也。可遣人劝孙权蹑其后，许割江南以封权，则樊围自解。』此计便是分散政敌，削其势而驱之的谋略，也自然被曹操所采纳。

面对曹操的谋略，孙权并不是不知，但为利益所诱，又兼关羽因孙权为子求婚其女不许，孙权袭破关羽，夺取荆州之心早有。于是借曹操派人来游说之时，作书与曹操，愿讨关羽以自效，并请求不要把消息泄漏出去，使关羽有所

防范。谋士董昭却认为暴露这个消息为好，这样『可使两贼相对衔持，坐待其敝。』再者关羽为人好强，兵围樊城期望大功，必然犹豫不退，曹军知此却能提高士气。果然，被围将士得知消息后，士气倍增，关羽却对是否撤围，犹豫不决。

孙权暗地派征虏将军孙皎和吕蒙为左右两路军队的最高统帅，暗地袭击关羽。

吕蒙到达寻阳，把精锐士卒都埋伏在名为舟鹿的船中，招募一些平民百姓摇橹，令将士化装成商人，昼夜兼程，关羽设置在江边的守望官兵，都被捉了起来，所以关羽对吕蒙的行动一无所知。麋芳、士仁一直都不满意关羽轻视他们，关羽率兵在外，麋芳、士仁供给的军用物资不能全部送到，关羽说：『回去后，一定治罪。』麋芳、士仁都感到恐惧。于是吕蒙命令原骑都尉虞翻写信游说士仁，为其指明得失，士仁得到虞翻信后，便投降了。虞翻对吕蒙说：『这种隐秘的军事行动，应该带着士仁同行，留下将士守城。』于是带着士仁至南郡。麋芳守城，吕蒙要士仁出来与他相见，麋芳因而也开城投降了。吕蒙到达江陵，把囚禁的于禁释放，得到关羽和将士们的家属，给以抚慰，对全军下令：『不得骚扰百姓和向百姓索求财物。』吕蒙还在早晨和晚间派亲近的人慰问和抚恤老人，询问他们生活有什么困难，给病人送去医药，给饥寒的人送去衣服和粮食。关羽官府中的财物、珍宝，全部封闭起来，等候孙权前来处理。

关羽得知南郡失守后，立即向南撤退。曹仁召集各位将领商议，都说：『如今趁关羽身陷困境，内心恐惧，应派

兵追击，将他擒获。』赵俨说：『孙权乘关羽和我军鏖战之机，试图进攻关羽后路，又顾忌关羽率军回救，我军趁其双方疲劳，从中取利，所以才言辞和顺地愿意为我军效力，不过是乘事变从中渔利罢了。如今关羽势孤奔走，我们更应让他继续存在，去危害孙权。如果对关羽穷追不舍，孙权将会由防备关羽，转而防范我们，这将对我们很不利，魏王也一定会有这种考虑。』于是，曹仁下令不要再穷追关羽。魏王曹操知道关羽退走，惟恐将领们追击他，果然迅速给曹仁下达命令，内容正如赵俨所说。

关羽多次派使者要求与吕蒙通消息，吕蒙每次都热情款待关羽的使者，允许他在城中各处游览，关羽部下将士的家属看见使者，都上前询问，还有人托他给自己的亲人带去书信。使者返回，关羽部属私下里询问家中情况，尽知家中平安，所受对待超过以前，因此关羽的将士都无心再战了。

正在此时，孙权到达江陵，荆州的文武官员都归附了；只有治中从事武陵人潘浚称病不见，孙权派人带着床把他从家中抬来，潘浚脸朝下趴在床上不起，涕泪纵横，哽咽不能自止。孙权诚恳热切地慰问，让左右亲近的人用手巾为他擦脸。潘浚起身，下地拜谢，孙权当即任命他为治中，有关荆州的军事，全都听取他的意见。武陵部从事樊伷引诱少数部族，欲图使武陵依附汉中王刘备。有人上书请求派遣统帅率领一万人征讨樊伷，孙权不同意；特别召见潘浚询问，潘浚回答：『派兵五千人，就可以擒获樊伷。』孙权说：『你为什么如此轻敌？』潘浚回答说：『樊伷是南阳的世家，只会摇唇鼓舌，实际上没有才智、胆略。我之所以了解他，是因为过去樊伷曾为州中的人设宴，直至中午，

客人仍无饭菜可吃，十余个人只得起身离去，这如同观看侏儒演戏，看一节就可知道他有多少伎俩了。』孙权大笑，立即派潘浚率兵五千人前去征讨，果然将樊伷等人斩首，平定了叛乱。孙权任命吕蒙为南郡太守，封为孱陵侯，赏赐一亿钱，黄金五百斤；任命陆逊兼任宜都太守。

十一月，汉中王刘备设置的宜都太守樊友放弃宜都郡而走，各城的长官以及各少数部族的酋长都归降了陆逊。陆逊请求以金、银、铜制的官印授与刚刚归附的官吏，并将进攻刘备的将领詹晏等人和世居秭归、拥兵自重的大家族将其击溃、归降，前后斩首、俘获以及招降数以万计。孙权任命陆逊为右护军、镇西将军，进封为娄侯，率兵驻扎夷陵，守卫峡口。

关羽自知孤立困穷，便向西退守麦城。孙权派人诱降，他伪装投降，把幡旗做成人像立在城墙上，借机逃遁，士兵都跑散了，跟随他的只有十余名骑兵。孙权已事先命令朱然、潘璋切断了关羽的去路。十二月，潘璋手下的司马马忠在章乡擒获关羽及其儿子关平，予以斩首，于是，孙权占据荆州。

吕蒙借关羽进攻樊城兵力空虚之机，袭击关羽后方，不仅曹操之围得解，而且吞并荆州，擒杀关羽，这正是围魏救赵之计的巧妙运用。

第三计　借刀杀人

原文

敌已明，友未定，引友杀敌，不自出力。以《损》[①]推演。

按语

敌相已露，而另一势力更张，将有所为，便应借此力以毁敌人。如：郑桓公将袭郐[②]，先问郐之豪杰、良臣、辨智、果敢之士，尽与姓名，择郐之良田赂之，为官爵之名而书之；因为设坛场[③]郭门[④]之外而埋之，衅[⑤]之以鸡豭[⑥]，若盟状。郐君以为内难[⑦]也，而尽杀其良臣。桓公袭郐，遂取之。诸葛亮之和吴拒魏及关羽围樊、襄，曹[⑧]欲徙都，懿[⑨]及蒋济说曹曰：『刘备、孙权外亲内疏，关羽得志，权必不愿也。可遣人劝蹑[⑩]其后，许割江南以封权，则樊围自解。』曹从之，羽遂见擒。

注释

①《损》：《易经·损卦》：『彖曰：损下益上，其道上行。』意思是说：减损下方，增益上方。其方向是由下向上进行的。有所损必有所得。②郑桓公：西周末年，郑国的君主。郐，当时的一个小国。③坛场：祭坛，用来祭祀天地、表明心愿的祭祀场所。④郭门：郭，古代的城市建筑时，在城的外围加筑一道城墙即为郭。郭门，指城门。⑤衅：古代的一种祭祀天地仪式，用牲畜的血涂在新制的器物上，引申为涂抹。⑥豭：公猪。⑦内难：难，灾难，祸

乱。内部叛乱。⑧曹：曹操，东汉丞相，封魏王。魏建立后追尊魏武帝。⑨懿：司马懿，曹操的重要谋士。时为主簿。⑩蹑：跟踪，追随。

敌人的情况已经明确，友军的情况还不确定。这时，就要诱导友军去消灭敌人，自己避免作战，从而保存实力。此计从损卦推算而出。

（按语）敌人的情况已经显露，而另一股势力也正在扩张，并将有所作为。便应当借用这股势力去消灭敌人。

例如：西周末年，郑桓公想要袭击郐国。事前，他先问明郐国有哪些英雄豪杰、贤良大臣、能言并善于分辨是非的智谋之士和有胆有识的勇士，一一记了他们的姓名，并选择郐国的良田分送给他们，还封他们官爵，并且都注明在名单上；为此还在城外筑起祭坛，把这张名单埋在地下，杀鸡宰猪，举行了涂血的仪式，仿佛订下盟约似的。郐国国君以为内部发生叛变，就把他们都杀了。郑桓公袭击并占领了郐国。又如：三国时诸葛亮联吴抗魏，以及关羽围困樊城、襄阳时，曹操想要迁都，司马懿和蒋济却劝曹操说：『刘备、孙权表面上亲密，骨子里却是疏远的。关羽如果得志，孙权必然不愿意的。我们可派人劝孙权跟踪攻击关羽的后方，并答应把江南地方分封给孙权。这样，樊城的围困自然会得到解救。』曹操采纳了他们的意见，结果关羽被孙权所擒。

经典事例

刘备借刀除吕布

在三国时，吕布骁勇过人，但为人反复无常。吕布原为荆州刺史丁原的义子，后丁原与董卓交恶，董卓用一匹赤兔马将吕布收买，吕布杀了丁原，拜董卓为义父。

董卓入京之后，势力扩大，自称太师。后来王允等人巧用连环计，使董卓死在吕布之手。

在罗贯中的《三国演义》第十九回中，刘备巧用借刀杀人之计除掉了吕布。请见原文：

且说曹操得了徐州，心中大喜，商议起兵攻下邳。程昱曰：『布今止有下邳一城，若逼之太急，必死战而投袁术矣。布与术合，其势难攻。今可使能事者守住淮南径路，内防吕布，外挡袁术。况今山东尚有臧霸、孙观之徒未曾归顺，防之亦不可忽也。』操曰：『吾自挡山东诸路。其淮南径路，请玄德挡之。』玄德曰：『丞相将令，安敢有违。』次日，玄德留糜竺、简雍在徐州，带孙乾、关、张引军驻守淮南径路。曹操自引兵攻下邳。

且说吕布在下邳，自恃粮食足备，且有泗水之险，安心坐守，可保无虞。陈宫曰：『今操兵方来，可乘其寨栅未定，以逸击劳，无不胜者。』布曰：『吾方屡败，不可轻出。待其来攻而后击之，皆落泗水矣。』遂不听陈宫之言。过数日，曹兵下寨已定。操统众将至城下，大叫吕布答话，布上城而立，操谓布曰：『闻奉先又欲结婚袁术，吾故领兵至此。夫术有反逆大罪，而公有讨董卓之功，今何自弃其前功而从逆贼耶？倘城池一破，悔之晚矣！若早来降，共扶王室，当不失封侯之位。』布曰：『丞相且退，尚容商议。』陈宫在布侧大骂曹操奸贼，一箭射中其麾盖。操指宫恨曰：『吾誓杀汝！』遂引兵攻城。

宫谓布曰：『曹操远来，势不能久。将军可以步骑出屯于外，宫将余众闭守于内；操若攻将军，宫引兵击其背；若来攻城，将军为救于后，不过旬日，操军食尽，可一鼓而破；此乃犄角之势也。』布曰：『公言极是。』遂归府收拾戎装。时方冬寒，吩咐从人多带棉衣，布妻严氏闻之，出问曰：『君欲何往？』布告以陈宫之谋。严氏曰：『君委全城，捐妻子，孤军远出，倘一旦有变，妾岂得为将军之妻乎？』布踌躇未决，三日不出。宫入见曰：『操军四面围城，若不早出，必受其困。』布曰：『吾思远出不如坚守。』宫曰：『近闻操军粮少，遣人往许都去取，早晚将至。将军可引精兵往断其粮道。此计大妙。』布然其言，复入内对严氏说知此事。严氏泣曰：『将军若出，陈宫、高顺安能坚守城池？倘有差失，悔无及矣！妾昔在长安，已为将军所弃，幸赖庞舒私藏妾身，再得与将军相聚；孰知今又弃妾而去乎？将军前程万里，请勿以妾为念！』言罢痛哭。布闻言愁闷不决，入告貂蝉。貂蝉曰：『将军与妾作主，勿轻身自出。』布曰：『汝无忧虑。吾有画戟、赤兔马，谁敢近我！』乃出谓陈宫曰：『操军粮至者，诈也。操多诡计，吾未敢动。』宫出，叹曰：『吾等死无葬身之地矣！』布于是终日不出，只同严氏、貂蝉饮酒解闷。

谋士许汜、王楷入见布，进计曰：『今袁术在淮南，声势大振。将军旧曾与彼约婚，今何不仍求之？彼兵若至，内外夹攻，操不难破也。』布从其计，即日修书，就着二人前去。许汜曰：『须得一军引路冲出方好。』布令张辽、

郝萌两个引兵一千，送出隘口。是夜二更，张辽在前，郝萌在后，保着许汜、王楷杀出城去。抹过玄德寨，众将追赶不及，已出隘口。郝萌将五百人，跟许汜、王楷而去。张辽引一半军回来，到隘口时，云长拦住。未及交锋，高顺引兵出城救应，接入城中去了。

且说许汜、王楷至寿春，拜见袁术，呈上书信。术曰：『前者杀吾使命，赖我婚姻！今又来相问，何也？』汜曰：『此为曹操奸计所误，愿明上详之。』术曰：『汝主不因曹兵困急，岂肯以女许我？』楷曰：『明上今不相救，恐唇亡齿寒，亦非明上之福也。』术曰：『奉先反复无信，可先送女，然后发兵。』许汜、王楷只得拜辞，和郝萌回来。到玄德寨边，汜曰：『日间不可过。夜半吾二人先行，郝将军断后。』商量停当。夜过玄德寨，许汜、王楷先过去了。郝萌正行之次，张飞出寨拦路。郝萌交马只一合，被张飞生擒过去，五百人马尽被杀散。张飞解郝萌来见玄德，玄德押往大寨见曹操。郝萌备说求救许婚一事。操大怒，斩郝萌于军门，使人传谕各寨，小心防守：如有走透吕布及彼军士者，依军法处治。各寨悚然。玄德回营，吩咐关、张曰：『我等正当淮南冲要之处。二弟切宜小心在意，勿犯曹公军令。』飞曰：『捉了一员贼将，操不见有甚褒赏，却反来唬吓，何也？』玄德曰：『非也。曹操统领多军，不以军令，可能服人？弟勿犯之。』关、张应诺而退。

却说许汜、王楷回见吕布，具言袁术先欲得妇，然后起兵救援。布曰：『如何送去？』汜曰：『今郝萌被获，操必知我情，预作准备。若非将军亲自护送，谁能突出重围？』布曰：『今日便送去，如何？』汜曰：『今日乃凶神值

日，不可去。明日大利，宜用戌、亥时。』布命张辽、高顺：『引三千军马，安排小车一辆；我亲送至二百里外，却使你两个送去。』次夜二更时分，吕布将女以棉缠身，用甲包裹，负于背上，提戟上马。放开城门，布当先出城，张辽、高顺跟着。将次到玄德寨前，一声鼓响，关、张二人拦住去路，大叫：『休走！』布无心恋战，只顾夺路而行。玄德自引一军杀来，两军混战。吕布虽勇，终是缚一女在身上，只恐有伤，不敢冲突重围。后面徐晃、许褚皆杀来，众军皆大叫曰：『不要走了吕布！』布军见来太急，只得仍退入城。玄德收军，徐晃等各归寨，端的不曾走透一个。吕布回到城中，心中忧闷，只是饮酒。

却说曹操攻城，两月不下。忽报：『河内太守张杨出兵东市，欲救吕布；部将杨丑杀之，欲将头献丞相，却被张杨心腹将睦固所杀，反投犬城去了。』操闻报，即遣史涣追斩睦固。因聚众将曰：『张杨虽幸自灭，然北有袁绍之忧，东有表、绣之患，下邳久围不克，吾欲舍布还都，暂且息战，何如？』荀攸急止曰：『不可。吕布屡败，锐气已堕，军以将为主，将衰则军无战心。彼陈宫虽有谋而迟。今布之气未复，宫之谋未定，作速攻之，布可擒也。』郭嘉曰：『某有一计，下邳城可立破，胜于二十万师。』荀彧曰：『莫非决沂、泗之水乎？』嘉笑曰：『正是此意。』操大喜，即令军士决两河之水。曹兵皆居高原。坐视水淹下邳。下邳一城，只剩得东门无水；其余各门，都被水淹。众军飞报吕布。布曰：『吾有赤兔马，渡水如平地，又何惧哉！』乃日与妻妾痛饮美酒，因酒色过伤，形容消减；一日取镜自照，惊曰：『吾被酒色伤矣！自今日始，当戒之。』遂下令城中，但有饮酒者皆斩。

却说侯成有马十五匹，被后槽人盗去，欲献与玄德。侯成知觉，追杀后槽人，将马夺回；诸将与侯成作贺。侯成酿得五六斛酒，欲与诸将会饮，恐吕布见罪，乃先以酒五瓶诣布府，禀曰：『托将军虎威，追得失马。众将皆来作贺。酿得些酒，未敢擅饮，特先奉上微意。』布大怒曰：『吾方禁酒，汝却酿酒会饮，莫非同谋伐我乎！』命推出斩之。宋宪、魏续等诸将俱入告饶。布曰：『故犯吾令，理合斩首。今看众将面，且打一百！』众将又哀告，打了五十背花，然后放归。众将无不丧气。

宋宪、魏续至侯成家来探视，侯成泣曰：『非公等则吾死矣！』宪曰：『布只恋妻子，视吾等如草芥。』续曰：『军围城下，水绕壕边，吾等死无日矣！』宪曰：『布无仁无义，我等弃之而走，何如？』续曰：『非丈夫也。不若擒布献曹公。』侯成曰：『我因追马受责，而布所倚恃者，赤兔马也。汝二人果能献门擒布，吾当先盗马去见曹公。』三人商议定了。是夜侯成暗至马院，盗了那匹赤兔马，飞奔东门来。魏续便开门放出，却佯作追赶之状。侯成到曹操寨，献上马匹，备言宋宪、魏续插白旗为号，准备献门。曹操闻此信，便押榜数十张射入城去，其榜曰：

大将军曹，特奉明诏，征伐吕布。如有抗拒大军者，破城之日，满门诛戮。上至将校，下至庶民，有能擒吕布来献，或献其首级者，重加官赏。为此榜谕，各宜知悉。

次日平明，城外喊声震地。吕布大惊，提戟上城，各门点视，责骂魏续走透侯成，失了战马，欲待治罪。城下曹兵望见城上白旗，竭力攻城，布只得亲自抵敌。从平明直打到日中，曹兵稍退。布少憩门楼，不觉睡着在椅上。宋宪

赶退左右，先盗其画戟，便与魏续一齐动手，将吕布绳缠索绑，紧紧缚住。布从睡梦中惊醒，急唤左右，却都被二人杀散，把白旗一招，曹兵齐至城下。魏续大叫：『已生擒吕布矣！』夏侯渊尚未信。宋宪在城上掷下吕布画戟来，大开城门，曹兵一拥而入。高顺、张辽在西门，水围难出，为曹兵所擒。陈宫奔至南门，为徐晃所获。

曹操入城，即传令退了所决之水，出榜安民；一面与玄德同坐白门楼上。关、张侍立于侧，提过擒获一干人来。吕布虽然长大，却被绳索捆作一团，布叫曰：『缚太急，乞缓之！』操曰：『缚虎不得不急。』布见侯成、魏续、宋宪皆立于侧，乃谓之曰：『我待诸将不薄，汝等何忍背反？』宪曰：『听妻妾言，不听将计，何谓不薄？』布默然。须臾，众拥高顺至。操问曰：『汝有何言？』顺不答。操怒命斩之。徐晃解陈宫至。操曰：『公台别来无恙！』宫曰：『汝心术不正，吾故弃汝！』操曰：『吾心不正，公又奈何独事吕布？』宫曰：『布虽无谋，不似你诡诈奸险。』操曰：『公自谓足智多谋，今竟何如？』宫顾吕布曰：『恨此人不从吾言！若从吾言，未必被擒也。』操曰：『今日之事当如何？』宫大声曰：『今日有死而已！』操曰：『公如是，奈公之老母妻子何？』宫曰：『吾闻以孝治天下者，不害人之亲；施仁政于天下者，不绝人之祀。老母妻子之存亡，亦在于明公耳。吾身既被擒，请即就戮，并无挂念。』操有留恋之意。宫径步下楼，左右牵之不住。操起身泣而送之。宫并不回顾。操谓从者曰：『即送公台老母妻子回许都养老。怠慢者斩。』宫闻言，亦不开口，伸颈就刑。众皆下泪。操以棺椁盛其尸，葬于许都。后人有诗叹之曰：

生死无二志，丈夫何壮哉！不从金石论，空负栋梁材。
辅主真堪敬，辞亲实可哀。白门身死日，谁肯似公台！

方操送宫下楼时，布告玄德曰：『公为坐上客，布为阶下囚，何不发一言而相宽乎？』玄德点头。及操上楼来，布叫曰：『明公所患，不过于布；布今已服矣。公为大将，布副之，天下不难定也。』操回顾玄德曰：『何如？』玄德答曰：『公不见丁建阳、董卓之事乎？』布目视玄德曰：『是儿最无信者！』操令牵下楼缢之。布回顾玄德曰：『大耳儿！不记辕门射戟时耶？』忽一人大叫曰：『吕布匹夫！死则死耳，何惧之有！』众视之，乃刀斧手拥张辽至。操令将吕布缢死，然后枭首。

刘备一句话，送了吕布的命，刘备为什么非要杀吕布呢？

原来，刘备是暂时栖身在曹营，心怀大计。曹操与吕布联合必给刘备未来的事业带来重大阻力。吕布英勇过人，武功盖世。先前，虎牢关一战，吕布一人独战刘备、关羽、张飞，且进退自如。如果他与曹操联合，天下哪有敌手呢？

周瑜借刀杀二将

汉献帝建安十三年（208年），曹操出动水陆大军二十万南征刘表。刘表去世，刘表之子刘琮以荆州投降曹操。曹操统水陆大军顺江陵东下，征伐东吴的孙权。

这时，曹操写信给孙权说：『最近，我奉天子之命，讨伐有罪的叛逆，军旗指向南方，刘琮降服。如今，我统领水军八十万人，将要与将军在吴地一道打猎。』孙权把这封书信给部属们看，他们无不惊惶失色。这时，都督周瑜对孙权说：『众人只看到曹操信中说有水、陆军八十万而各自惊恐，不再去分析其中的虚实，就提出向曹操投降的意见，这完全没有意义。现在咱们据实计算一下，曹操所率领的中原部队不过十五六万人，而且长期征战，早已疲惫；新接收刘表的部队，至多有七八万人，仍然三心二意。以疲惫的士卒，驾驭三心二意的部众，人数虽多，却没有什么可怕的。我只要有五万精兵，就足以制服敌军，望将军不要顾虑！』孙权拍着周瑜的背说：『周公瑾，你说到这个地步，非常合我的心意。张昭、秦松等人，各顾自己的妻子儿女，怀有私心，非常使我失望。只有你与鲁肃和我的看法相同，这是上天派你们两个人来辅佐我。五万精兵一时难以集结，已挑选了三万人，战船、粮草及武器装备都已备齐，你和鲁肃、程普率兵先行，我当继续调集人马，多运辎重、粮草，作为你的后援。你能战胜曹军，就当机立断；如果万一失利，就退到我这里来，我当与曹操决一胜负。』于是，孙权任命周瑜、程普为左、右都督，率兵与刘备合力迎战曹操；又任命鲁肃为赞军校尉，协助筹划战略。

孙刘联军驻扎在赤壁，与曹操隔江对峙。由于要进行水战，因此周瑜趁夜往观曹军水寨。周瑜大吃一惊。（下文可见于罗贯中《三国演义》第四十五回）：

周瑜收拾楼船一只，带着鼓乐，随行健将数员，各带强弓硬弩，一齐上船迤逦前进。至操寨边，瑜命下了石，

楼船上鼓乐齐奏。瑜暗窥他水寨，大惊曰：『此深得水军之妙也！』问：『水军都督是谁？』左右曰：『蔡瑁、张允。』瑜思曰：『二人久居江东，谙习水战，吾必设计先除此二人，然后可以破曹。』正窥看间，早有曹军飞报曹操，说：『周瑜偷看吾寨。』操命纵船擒捉。瑜见水寨中旗号动，急叫收起石，两边四下一齐轮转橹棹，往江面上如飞而去。比及曹寨中船出时，周瑜的楼船已离了十数里远。追之不及，回报曹操。

操问众将曰：『昨日输了一阵，挫动锐气。今又被他深窥吾寨。吾当作何计破之？』言未毕，忽帐下一人出曰：『某自幼与周郎同窗交契，愿凭三寸不烂之舌，往江东说此人来降。』曹操大喜，视之，乃九江人，姓蒋，名干，字子翼，现为帐下幕宾。操问曰：『子翼与周公瑾相厚乎？』干曰：『丞相放心。干到江左，必要成功。』操问：『要将何物去？』干曰：『只消一童随往，二仆驾舟，其余不用。』操甚喜，置酒与蒋干送行。干葛巾布袍，驾一只小舟，径到周瑜寨中，命传报：『故人蒋干相访。』周瑜正在帐中议事，闻干至，笑谓诸将曰：『说客至矣！』遂与众将附耳低言，如此如此。众皆应命而去。

瑜整衣冠，引从者数百，皆锦衣花帽，前后簇拥而出。蒋干引一青衣小童，昂然而来。瑜拜迎之。干曰：『公瑾别来无恙！』瑜曰：『子翼良苦，远涉江湖，为曹氏作说客耶？』干愕然曰：『吾久别足下，特来叙旧，奈何疑我作说客也？』瑜笑曰：『吾虽不及师旷之聪，闻弦歌而知雅意。』干曰：『足下待故人如此，便请告退。』瑜笑而挽其臂曰：『吾但恐兄为曹氏作说客耳！既无此心，何速去也？』遂同入帐。叙礼毕，坐定，即传令悉召江左英杰与子翼

相见。

须臾，文官武将，各穿锦衣；帐下偏裨将校，都披银铠：分两行而入。瑜都叫相见毕，就列于两旁而坐。大张筵席，奏军中得胜之乐，轮换行酒。瑜告众官曰：『此吾同窗契友也。虽从江北到此，却不是曹家说客。公等勿疑。』遂解佩剑付太史慈曰：『公可佩我剑作监酒，今日宴饮，但叙朋友交情；如有提起曹操与东吴军旅之事者，即斩之！』太史慈应诺，按剑坐于席上。蒋干惊愕，不敢多言。周瑜曰：『吾自领军以来，滴酒不饮；今日见了故人，又无疑忌，当饮一醉。』说罢，大笑畅饮。座上觥筹交错。饮至半酣，瑜携干手，同步出帐外。左右军士，皆全装惯带，持戈执戟而立。瑜曰：『吾之军士，颇雄壮否？』干曰：『真熊虎之士也。』瑜又引干到帐后一望，粮草堆如山积。瑜曰：『吾之粮草，颇足备否？』干曰：『兵精粮足，名不虚传。』瑜佯醉大笑曰：『想周瑜与子翼同学业时，不曾望有今日。』干曰：『以吾兄高材，实不为过。』瑜执干手曰：『大丈夫处世，遇知己之主，外托君臣之义，内结骨肉之恩，言必行，计必从，祸福共之。假使苏秦、张仪、陆贾、郦生复出，口似悬河，舌如利刃，安能动我心哉！』言罢大笑。蒋干面如土色。瑜复携干入帐，会诸将再饮；因指诸将曰：『此皆江东之英杰。今日此会，可名「群英会」。』饮至天晚，点上灯烛，瑜自起舞剑作歌。歌曰：

丈夫处世兮立功名；立功名兮慰平生。慰平生兮吾将醉；吾将醉兮发狂吟！

歌罢，满座欢笑。至夜深，干辞曰：『不胜酒力矣！』瑜命撤席，诸将辞出。瑜曰：『久不与子翼同榻，今宵

抵足而眠。』于是佯作大醉之状，携干入帐共寝。瑜和衣卧倒，呕吐狼藉。蒋干如何睡得着？伏枕听时，军中鼓打二更，起视残灯尚明。看周瑜时，鼻息如雷。干见帐内桌上，堆着一卷文书，乃起床偷视之，却都是往来书信。内有一封，上写『蔡瑁张允谨封。』干大惊，暗读之。书略曰：

某等降曹，非图仕禄，迫于势耳。今已赚北军困于寨中，但得其便，即将操贼之首，献于麾下。早晚人到，便有关报。幸勿见疑。先此敬复。

干思曰：『原来蔡瑁、张允结连东吴！』遂将书暗藏于衣内。再欲检看他书时，床上周瑜翻身，干急灭灯就寝。瑜口内含糊曰：『子翼，我数日之内，叫你看操贼之首！』干勉强应之。瑜又曰：『子翼，且住……叫你看操贼之首……』及干问之，瑜又睡着。干伏于床上，将近四更，只听得有人入帐唤曰：『都督醒否？』周瑜梦中做忽觉之状，故问那人曰：『床上睡着何人？』答曰：『都督请子翼同寝，何故忘却？』瑜懊悔曰：『吾平日未尝饮醉，昨日醉后失事，不知可曾说甚言语？』那人曰：『江北有人到此。』瑜喝：『低声！』便唤：『子翼。』蒋干只装睡着。瑜潜出帐。干窃听之，只闻有人在外曰：『张、蔡二都督道：「急切不得下手，……」』后面言语颇低，听不真实。少顷，瑜入帐，又唤：『子翼。』蒋干只是不应，蒙头假睡。瑜亦解衣就寝。干寻思：『周瑜是个精细人，天明寻书不见，必然害我。』睡至五更，干起唤周瑜，瑜却睡着。干戴上巾帻，潜步出帐，唤了小童，径出辕门。军士问：『先生哪里去？』干曰：『吾在此恐误都督事，权且告别。』军士亦不阻挡。

干下船，飞棹回见曹操。操问：『子翼干事若何？』干曰：『周瑜雅量高致，非言词所能动也。』操怒曰：『事又不济，反为所笑！』干曰：『虽不能说周瑜，却与丞相打听得一件事。乞退左右。』干取出书信，将上项事逐一说与曹操。操大怒曰：『二贼如此无礼耶！』即便唤蔡瑁、张允到帐下。操曰：『我欲使汝二人进兵。』瑁曰：『军尚未曾练熟，不可轻进。』操怒曰：『军若练熟，吾首级献于周郎矣！』蔡、张二人不知其意，惊慌不能回答。操喝武士推出斩之。须臾，献头帐下，操方省悟曰：『吾中计矣！』后人有诗叹曰：

曹操奸雄不可当，一时诡计中周郎。蔡张卖主求生计，谁料今朝剑下亡！

众将见杀了张、蔡二人，入问其故。操虽心知中计，却不肯认错，乃谓众将曰：『二人怠慢军法，吾故斩之。』众皆嗟呀不已。操于众将内选毛玠、于禁为水军都督，以代蔡、张二人之职。

细作探知，报过江东。周瑜大喜曰：『吾所患者，此二人耳！今既剿除，吾无忧矣！』肃曰：『都督用兵如此，何愁曹贼不破乎？』瑜曰：『吾料诸将不知此计，独有诸葛亮识见胜我，想此谋亦不能瞒也。子敬试以言挑之，看他知也不知，便当回报。』

周瑜巧用借刀杀人之计，除去了自己的心腹大患蔡瑁、张允，令曹操后悔莫及。

司马行骗陷曹爽

嘉平元年（249年）正月，魏太傅司马懿乘大将军曹爽随少帝曹芳拜谒高平陵，出郊畋猎之机，率兵占据了京

都，将曹爽及天子拒之于都城之外，迫其交出大将军之权。当曹爽拱手交出大将军印牌后，司马懿马上率军迎天子入城回宫，随将曹爽兄弟及其亲信皆软禁在曹爽府内。一颗悬着的心这才怦然落下。

原来，司马懿率兵占据京都向曹爽索权时，他也知道这是一着险棋，深恐曹爽会以天子诏统边关及都外诸路兵马攻打都城。为此，他曾遣人骗曹爽说：『太傅指洛水为誓，此举只是要索回大将军之权，并无加害之意。』以稳曹爽之心。谁知，贪恋城中妻妾家眷的曹爽还真信了，很痛快地交出了将军印。

曹爽回到府中，听说府外有禁军监禁，这才对司马懿的居心产生了怀疑，府中上下一片慌恐不安。曹爽安慰道：『司马懿向我索取兵权，我拱手相送。我既无死罪，他还能奈何于我？』这时其弟曹羲说：『司马懿之心诡秘难测，我们不如以府内乏粮为由向他借粮。如果他肯借粮给我，则说明他无害我们之心。』曹爽为解除自己内心之疑，遂遣人去见司马懿，以试其心。

司马懿看罢曹爽求粮书信，冷笑一声，随即遣人往曹爽府内送粮一百斛。曹爽见司马懿遣人送粮至，心中坦然地说：『司马公果无害我之意』。于是便在府中作乐，不以为忧。

众卿向司马懿说：『曹爽乃祸根也，主公为何不将他们饿死在府中，反却送粮给他们？』司马懿笑道：『他府中粮食可食数载。他向我求粮，是试我有无害他之心。我先送粮给他，是为了先稳住他。如今他是我案板上的肉，可任我宰割。待我为他寻个罪名后，再戮其全族。他是曹氏宗亲，不拟罪便戮之，于政不利。』

这边，司马懿一面稳住曹爽，暗中却遣人把曹爽的心腹、门人逐个捕入狱中进行严刑逼供。迫使他们招出曹爽欲结党谋反的供词。这些人受刑不过，只好承认准备于三月间共同谋反篡政。司马懿得到这些供词后，遂以『曹爽怨恨朝廷，欲图不轨，结党谋反』之名将曹爽及其亲信丁谧、邓飏、何晏、毕轨、李胜、恒范等皆尽处死，并灭其三族。

第四计　以逸待劳①

原文

困敌之势，不以战。损刚益柔②。

按语

此即致敌③之法也。兵书云：『凡先处战地而待敌者逸，后处战地而趋战④者劳。故善战者，致人而不致于人。』兵书论敌，此为论势，则其旨非择地以待敌，而在以简驭繁⑤，以不变应变，以小变应大变，以不动应动，以小动应大动，以枢应环也⑥。

如管仲寓军令于内政，实而备之。孙膑于马陵道伏击庞涓，李牧守雁门，久而不战，而实备之，战而大破匈奴。

注释

①以逸待劳：逸，安逸；劳，疲劳。出自《孙子·军争篇》：『以近待远，以逸待劳，以饱待饥，此治力者也。』②损刚益柔：《易经·损卦》：『彖曰：损，损下益上，其道上行。……损刚益柔有时，损益盈虚，与时偕行。』意思说：『减损下的阳刚以增益上之阴柔要适时，事物的减损增益，盈满亏虚，都要与时机相配合。』在作战时，刚，指进攻的士气和态势。柔，指防御的心理和形势。③致敌：致，招引、调动。调动敌人。④趋战：趋，奔赴、奔向。仓促奔赴战场。⑤以简驭繁：简，简单；繁，繁琐，复杂。驭，驾御，控制。用简单的方法而控制复杂的

局面。⑥以枢应环：枢，枢纽，中心环节，关键部位；环，围绕，指四周。以中心转动应付四周活动。

译文

困扰敌人的兵势，不直接采取战斗。适时适当地采取防御态势，用疲惫拖垮敌人，变被动为主动。

（按语）这就是调动敌人的方法。兵书上说：『凡是先到战场等候敌人的，从容安逸；后到战场仓促应战的，疲劳不堪。所以善于作战的人，能调动敌人而不被敌人调动。』兵书讲的是如何打仗，这里探讨的却是如何掌握主动权。其宗旨不在于选择地形等待时机打击敌人，而是在于用简单的方法控制复杂的局面，用不变化的心态对付变化的形势，用小变化对付大变化，用不动对付活动，用小的变动对付大的变动，这种战术规则，就好像枢纽用转动来对付不断活动的边围一样。

比如：春秋时期，管仲管理齐国，实行军政合一，在农闲时就从事军事训练，实际上是在备战。战国时，孙膑在马陵道伏击庞涓。赵将李牧镇守雁门关时，长期不同匈奴作战，其实是在积极备战，后来一战而大败匈奴。

经典事例

周亚夫按兵平叛

刘邦分封子弟造成郡国并立的政策是时代的错误，就从巩固刘家天下来看，它虽然能收到暂时的效果，却种下了长远的祸根。文帝时贾谊就指出，当时齐楚等国已各传子孙二三代，与皇家亲属关系日益疏远，感情淡薄。半独立的

王国同集权的皇朝在各方面存在许多矛盾，相互猜忌，各怀疑惧，叛乱仅只是时间问题而已。他认为王国太强大就好比人患了肿病，一条小腿粗如腰，一根指头粗如腿，怎么能够自如屈伸呢？所以他提出『众建诸侯而少其力』，主张尽封诸王子弟，使大国分为尽可能多的小国，『令海内之势如身之使臂，臂之使指，莫不制从』，中央才容易控制。另外他又建议文帝把自己的亲儿子安排到要害地区建立大国以便拱卫皇室，说明他还是没有从根本体制上认清问题实质。但是文帝却采纳了贾谊的意见，把太子的同母弟刘武封为梁王，都于战略要地睢阳（今河南商丘），拥有四十多县富庶地区。又尽封齐悼惠王子六人为王，分齐国为济北、川、胶东、胶西、济南、齐等六国。

当年刘邦在击灭英布后，封其侄刘濞为吴王，都吴（今江苏苏州），拥有江东五十三县，此地盛产铜、盐，国富民强。文帝时，吴太子入朝与皇太子发生冲突被误伤致死，刘濞从此怨恨不朝，图谋叛乱。由于文帝优容礼遇，暂时没有发作。景帝即位，晁错用事。晁错认为，诸侯国太强大威胁皇室，应当绳之以法，抓住他们的过失以削夺国土作为惩罚，逐步减弱其势力，才能提高皇权，安定国家。尤其是吴国蓄谋叛乱多年，更应当严惩。他也估计到这样作可能激起变故，但是他说：『今削之亦反，不削亦反。削之其反亟，祸小；不削之其反迟，祸大。』既然是祸，迟发作不如早发作。景帝采纳他的意见，先后削夺赵国的常山郡，楚国的东海郡以及胶西国的六个县。最后在下令削夺吴国的会稽郡和豫章郡时，景帝三年（前154年）正月，吴王刘濞带头发兵叛乱。他纠合楚、赵、胶西、胶东、川、济南等六国，以『诛晁错，清君侧』为借口，亲率吴楚联军二十多万人西征。胶西、胶东、济南、川等国合兵围攻仍然忠于

汉王朝的齐国，赵国也暗中勾结匈奴，起兵反叛。一时黑云压城，长安城中的高利贷者认为东方战事胜败难知，竟不肯贷款给从军东征的列侯封君，好像汉中央政权已经命在旦夕了。

吴王为了夺取攻汉的胜利，动员了自己国内从14岁至62岁的人统统入伍参战。吴王下令全国说：『寡人年六十二，身自将。少子年十四，亦为士卒先。诸年上与寡人比，下与少子等者，皆发。』除国内出动20万大军外，并使闽越、东越也发兵相助。吴王召集诸将领商讨进兵计划，大将军田禄伯建议说：『兵屯聚而西，无它奇道，难以就功。臣愿得五万人，别循江淮而上，收淮南、长沙，入武关，与大王会，此亦一奇也。』但吴王太子却不同意田禄伯单独行动，怕别有变故，因而便对吴王说：『王以反为名，此兵难以藉人，藉人亦且反王，奈何？且擅兵而别，多它利害，未知可也，徒自损耳。』吴王遂不用其计。吴另一少年桓将军也建议说：『吴军多步兵，步兵利于在险要的地势条件下作战，汉军多车骑，车骑利于在平坦的地形下行动，吴军不应在所过城邑停留，急速占据洛阳的武库和敖仓之粟，夺占山河险要关隘以令诸侯，即使不入函谷关，天下也会基本稳固。如果行动迟缓，汉军车骑至，驰入梁楚之地，我们就会失败。』但吴王等又以他年少无知，而拒绝他的建议。最终决定以一路大军向西北先攻梁地，然后再节节向前发展。

周亚夫奉命率30万大军东征，他深知楚军历来剽悍矫捷，战斗力强，很难轻易将其打败。因而向汉景帝建议说：『楚国之兵剽悍勇捷，难以很快战胜它，我们应该舍弃梁国，尽量以梁地拖住敌人，并切断敌人运送粮草的道路。这样

就可以使敌兵疲粮尽，战而胜之。汉景帝同意周亚夫的计划，以大将军窦婴驻军于荥阳，控制荥阳一带战略要地，阻止吴楚联军西进。周亚夫自率主力向吴楚联军进击，并以另一部兵力向齐、赵等地进攻。

吴王刘濞在作战准备完毕后，即于汉景帝三年（前154年）正月，打着『请诛晁错，以清君侧』的旗号，起兵叛乱。先将汉朝所任命官吏统统杀掉，然后他即亲率大军从广陵北上，西渡淮水，与楚军合兵，继续前进。吴王刘濞为壮大其起兵的声势，制造叛乱的舆论根据，在起兵后即派遣使者，致书胶西王、胶东王、川王、济南王、赵王、楚王、淮南王、衡山王、庐江王、故长沙王子，历数汉朝廷任用『奸臣』，削夺诸王侯封地，危及汉宗室安全的『罪状』，然后宣称：『吴国虽然不大，但地方3000里；人虽然不算多，但可出精兵50万。而且我一向与南越友好相处30多年，越君王愿意出兵以帮助吴国，又可得精兵30万。吴国虽然不富，但节衣缩食，积金钱，备兵革，屯聚粮食，夜以继日，30余年。』刘濞为了鼓舞将士的作战积极性，还宣布：凡抓住汉军大将者，赐赏金5000斤，封万户；抓住列将者，赐金3000斤，封5000户；抓住裨将者，赐金2000斤，封2000户。以下也皆有赏赐。对降城略地有出力者，也给予重赏。

汉景帝听说吴王刘濞等已起兵叛乱，想派人劝说吴王罢兵。这时原吴相袁盎，曾因晁错欲治他的贪污受贿罪，对晁错恨之入骨，即向景帝建议说，诸王起兵，完全是因为晁错，只要杀了晁错，吴楚即可退兵。汉景帝遂杀了晁错，并立即以袁盎为太常，派往吴国，向吴王说明晁错已斩，请吴王退兵。吴王回答说，他已称东帝，拒绝退兵。这时正

好谒者仆射邓公为校尉，曾随军征讨吴楚军，返回京师，谒见景帝，景帝问他说：『晁错已死，吴楚能不能退兵？』邓公回答说：『吴王准备叛乱已经数十年，他是发怒于削地，以让朝廷诛杀晁错为名，其用意远不是杀晁错而已。』邓公接着说：『晁错深怕诸侯强大难制，所以建议削地，以加强朝廷的力量，这本来是有利于万世江山的良策，但刚刚实行，晁错便被诛杀，这样，忠臣就无人敢再说话了。』景帝这时才省悟。

吴楚联军首先向西北进攻梁地，攻破梁之棘壁，斩杀梁军数万人，乘胜继续向梁地推进。梁孝王十分惊恐，派遣6位将军率军再与吴军战，梁军溃败。梁孝王数次派人去向周亚夫求救，周亚夫均不救援。吴楚联军又进而包围梁都城，由于梁都坚固，无法攻下梁都，吴楚联军被阻。这时，吴将周丘通过威胁诈谋，劝降下邳，一夜之间得3万兵马，遂向北继续略地，到了城阳，已拥有近10万之众。

太尉周亚夫率军东走，当进至灞上时，赵涉对周亚夫说：『吴王刘濞一向豪富，长期以来搜罗亡命之徒，现在他知道将军即将东出函谷关的动向，必定会在崤山、渑池之间的险要处设置间谍伏兵。用兵贵在神速秘密，将军何不从这里向右进军，经蓝田，出武关，迂回而至洛阳，这样只不过多用一两天的时间，便可直入洛阳的武库，到后敲击战鼓，诸侯发现汉军到达，一定会以为将军是从天而降。』周亚夫遂按照赵涉的建议，率领部将安全到达了洛阳。周亚夫这时高兴地说：『七国叛乱战起，我坐驿车到达这里，没想到会这样安全。现在我控制了荥阳，荥阳以东就没有什么危险了。』周亚夫进至洛阳后，便立即派兵搜索崤山、渑池之间地区，果然抓到了吴王派出的伏兵。于是，便请赵涉当护军。

周亚夫军至淮阳，周亚夫的父亲周勃的故客邓都尉向周亚夫建议说：『吴兵锐甚，难与争锋。楚兵轻，不能久。方今为将军计，莫若引兵东北壁昌邑，以梁委吴，吴必尽锐攻之。将军深沟高垒，使轻兵绝淮泗口，塞吴饷道。彼吴梁相敝而粮食竭，乃以全强制其否极，破吴必矣。』周亚夫很高兴地采纳了邓都尉的建议。周亚夫遂率主力军向东北进军，进占了昌邑，并在昌邑筑垒坚守。这时吴楚军加强围攻梁国，由于周亚夫拒绝派兵支援梁王，梁王便派人上诉于汉景帝。汉景帝诏命周亚夫救援梁王，亚夫仍坚壁不出，只派弓高侯韩颓当等率轻装部队按照预定计划，出淮泗口，切断吴楚联军的后路，绝其粮道。梁王命中大夫韩安国和张羽为将军，以韩安国坚守城池，张羽出战，使吴军受到一些挫折和损失。吴军欲向西进军，但无法突破梁军的防守，吴楚联军胶着于坚城之下，往日的锐气大失，为求速战速决，便转而进攻周亚夫军，两军相遇于下邑，吴楚联军企图寻找汉军主力决战，但是周亚夫仍坚持坚壁不战。吴楚联军由于粮食供应断绝，士卒饥疲不堪，吴王刘濞多次组织部队向周亚夫军挑战，周军拒不应战，吴楚军采取佯攻汉军阵地东南角，实际主攻西北角的战术。周亚夫识破了吴楚军的企图，便加强了西北角的防御，当吴楚军猛攻西北角时，周亚夫军已严阵以待，吴楚军最后的攻击失败，加上士卒疲劳饥饿，于是开始溃乱，吴王刘濞决定率部队撤走。二日，周亚夫率军追击，大破吴楚联军。吴王刘濞丢弃部队，仅率数千人乘夜逃窜。楚王刘戊见大势已去，被迫自杀。周丘自感吴楚联军无力向西北发展攻势，遂退往下邳，途中病死。吴王率军渡江，退守丹徒，再退走东越，以

东越兵万余人，并收聚其残兵，企图重振军威。汉军派人买通了东越，使东越以劳军的名义诱骗吴王刘濞出营，将吴王斩杀。至此，声势浩大的七王之乱的主力军吴楚联军，即告全部失败。

济南、胶东、胶西、川等诸王和赵王，按照与吴王刘濞的协议，也同时起兵于齐地和赵地。济南、胶东、胶西、川等四王起兵后，首先进攻齐王刘将闾军于临淄。齐王本来也预定要参加七王之乱，可能后来觉得事情不妙，退出七王反叛的行列，畏罪而自杀。临淄被围困3个月未被攻破。这时进击齐地的汉军在将军栾布的统率下，与弓高侯韩颓当的援军合兵一处，向围攻临淄四国之军进攻，将四国之军击破，各败退回本国。

在胶西王阴谋叛乱之前，诸大臣即劝阻胶西王不要起兵叛乱，他们认为在胶西为王已经很不错了，吴王虽然与胶西王约定，事成之后，平分天下，但那也是后患无穷。胶西王不听。待兵败退回胶西后，始知后悔已晚。胶西王太子刘德还想再战，打算战败之后，逃入东海。但胶西王刘觉得已无任何取胜的希望，遂自请向汉军韩颓当军投降，韩颓当向刘展示景帝的诏书：『王其自图』。刘看后，自叹说：『如等死有余罪。』即自杀身死，太后、太子也皆死。胶东王渠、济南等王兵败后也自杀。郦寄率军进攻赵地，进展也比较顺利，赵王之军节节败退，最后退守都城邯郸，郦寄军包围邯郸城近10个月，后城破兵败，赵王刘遂自杀。这样，七王之乱遂全部被平定。

羊祜以德御吴军

吴宝鼎元年（260年），吴帝孙皓以陆抗、万彧为左右丞相，都于武昌与晋争衡天下。

一天，孙皓闲暇无事，请来位术士尚广卜问天下大事。尚广卜曰：『陛下筮得吉兆，庚子岁青盖当入洛阳（谁知竟是后来孙皓降晋入洛阳之兆）。』孙皓听罢大喜，以为是他兴师伐晋的吉兆。于是不顾华核等众卿的反对，令镇东将军、左丞相陆抗兴师于江口，准备图襄阳北伐。

晋主司马炎闻讯，马上召集众文武商议御敌之策。贾充出班奏道：『臣闻吴帝孙皓不修德政，专行无道。陛下可诏请羊祜率兵拒之。待其国中有变，再乘机攻取东吴。』司马炎准奏，降诏遣使去襄阳，令都督羊祜准备迎敌。

羊祜，字子叔。泰山南城（今山东费县西南）人。魏末曾任相国从事中郎，参与司马昭机密。此刻正镇守边郡襄阳。当他刚到襄阳时，军中没有百日存粮。他用缩减巡逻士兵的办法，率军兵开垦荒地八百余顷。及至年末，军中已有十年的积蓄。他在军中，经常轻装便服，不穿衣甲，帐前的侍卫也不过十余人，深受襄阳军民爱戴。

吴将陆抗得知羊祜拒守襄阳，也未敢轻易进兵，双方便在襄阳界首处相峙。

一天，部将入帐禀报羊祜说：『吴兵现在已经懈怠，可乘其无备袭之，必获大胜。』羊祜笑了笑说：『陆抗这个人足智多谋。他刚来时，曾突袭了我们的步阐及其将士数十人，我急出兵相救还未来得及。他在此为将，我们只可御守，像当初司马懿御孔明那样。待其国中有变，那时才能图取。』众将深服其论，只好安分御守疆界。

有一次羊祜率众打猎，正巧陆抗也出猎。羊祜下令说：『我军不许过界！』众将得令，都规规矩矩地在晋地内打围。陆抗见状叹息地说：『羊将军所率军兵，纪律严明，真不可犯啊！』及至打猎归来，羊祜又对众将说：『凡吴人

先射伤的猎物，都送还于吴。』

吴军得到晋军使者送来的猎物都十分高兴，陆抗听说后，问晋军使者说：『你们主帅会饮酒吗？』使者说：『有好酒他才肯喝。』陆抗说：『我有一斗自己酿造的陈年佳酿，是准备自己享用的，今请你给羊将军带回去一勺饮用。以谢昨日出猎之情。』晋军使者携酒而去后，吴军左右问陆抗说：『将军以酒给他是什么意思？』陆抗说：『他既施德于我，我岂能无以报酬？』众将听罢都十分愕然。

晋使回见羊祜，把实情禀告后，羊祜笑了笑，打开壶便要饮。这时部将陈元说：『都督宜慢饮，恐怕其中有诈。』羊祜说：『陆抗不是那种暗中下毒的小人。』说罢，一口把壶中之酒喝干。自此以后，双方使者往来更加频繁起来。

一次，羊祜向吴使问陆将军安否，来使说：『陆将军偶染小疾，卧病已有数日。』羊祜说：『他的病和我的病一样，我这有合成的熟药在此，可带回去给他服用。』使者携药回见陆抗，众将说：『羊祜是吾敌也，此药必非良药。』陆抗说：『羊叔子怎么会是暗中害人的小人呢？』说着把药服下，次日病即痊愈。陆抗对众将说：『我以军威慑敌，他们以德待我。这是他不用兴兵作战就能征服我们的道理所在。如果我以武力去征伐，我方的军兵必倒戈向我矣。现在宜各保疆界，不求微小战利。』众将领命。于是双方相峙许久而无战事。

后来，吴主孙皓听说后，加陆抗通敌之罪，罢其兵权，令左将军孙冀代领其军。羊祜见吴朝中有变，于是做表向朝中请求伐吴。由于朝中未允，失去了一次战机。及至羊祜死后，司马炎依羊祜遗嘱，拜杜预为大将军时，吴中陆抗也已病亡。晋便一举攻克了东吴，统一了中国。

借利天时退曹兵

建兴八年秋，诸葛亮获悉魏兵马总督曹真病愈后，奏明魏主曹睿，率军兵四十万，由长安进兵剑阁，欲攻打汉中。

诸葛亮吩咐王平、张嶷说：『你们二人先率一千军马去守住陈仓古道，挡住魏军，一月之后，我再率师出兵伐魏。』王平、张嶷说：『魏军这次出兵四十万，再加上郭淮、孙礼所率边关兵马，共有八十万之多。丞相为何只遣我一千军马去御敌？』诸葛亮说：『一夫当关，万夫莫开，如果多派军马，恐怕军兵白费辛苦。』张嶷、王平面面相觑，谁也不敢答应。诸葛亮又说：『如果有失防守，不是你们之过，不必多言，快去就是了。』二人又说：『丞相如果想杀我二人，现在就杀算了，何必让我们去送死呢？』诸葛亮见二人不去，只好说：『吾准备不言明此事，我昨天看了天文，算定这个月必有大雨。魏军纵然有八十万，怎敢冒大雨深入险地呢？因此，无需用许多军马便可阻挡魏军。我们在汉中休整备战，待魏军在大雨泥泞之中受一个月苦之后，那时我再率军出师，以逸击其劳，乘势再攻中原，岂不更妙？这本是军事绝密，不便言明，你二人知之即可。』二将听罢恍然大悟，欣喜地率一千军马，去守陈仓古道。

果如诸葛亮所料，魏军刚至陈仓，就遇上了连日的秋雨，一连竟下了一个月。魏军见天时不利，只好率军回师。诸葛亮在此，借助天时之利，在战略上行以逸待劳之谋，巧为伐魏的攻势，令人称绝。

第五计 趁火打劫

原文

敌之害大，就势取利。刚决柔也①。

按语

敌害在内，则劫其地；敌害在外，则劫其民；内外交害，则劫其国。如越王②乘吴国内蟹稻不遗种③而谋攻之。后卒乘吴北会诸侯于黄池④之际，国内空虚，因而捣之，大获全胜。

注释

①刚决柔也：《易经·夬卦》：『彖曰：夬，决也，刚决柔也。』意思是说：夬，就是决断，犹如阳刚君子果断地制裁阴柔小人。运用到军事上，当战争形势对自己有利时，要果断地进攻战胜敌人。②越王：春秋时越王勾践，曾因战争失败而甘做吴王奴隶，卧薪尝胆，以图复仇，后果然打败吴王夫差，得偿所愿。③蟹稻不遗种：螃蟹死光，水稻颗粒无收。指大灾害。④黄池：地名，今河南封丘县内。前482年，吴王夫差和晋、鲁等国到黄池会盟，争当霸主。越王勾践趁吴国空虚，出兵吴国。

译文

敌人内部祸患严重，就要乘机出兵夺取利益。当形势对自己有利时，就要果断地战胜对方。

（按语）敌人的内部有忧患，就抢占他的土地；敌人的外部有忧患，就掠夺他的百姓；敌方既有内忧又有外患，就劫掠他的国家。比如：春秋时，越王勾践乘吴国遭受大的自然灾害，连螃蟹、稻子都死绝时，谋划进攻吴国。后来终于趁吴王夫差北上黄池与各国诸侯会盟之际，因其国内空虚，便大举进攻吴国，终于大获全胜。

经典事例

趁火打劫害晁错

西周灭商，推行『封建制』。所谓封建，就是封侯建国，裂土封爵。秦灭六国，罢封建，设郡县，停止对宗室的分封。汉高祖刘邦统一中国后，认为未封宗室以为屏藩是秦速亡的原因之一。因此，他专门分封了一批同姓诸侯王，让他们领兵分据战略和财赋要地，借以控制郡县，必要时又可以为中央王朝的捍卫力量。为此规定：『非刘氏不得王』，有意识加强宗室的力量，提高宗室的地位。然而，随着时间的推移，这些诸侯王凭借自己相对独立的统治权，渐成为尾大不掉之势。与此同时，北方匈奴强大，威胁汉朝的北边。故此，在文、景之时出现如何削藩和抵御匈奴问题的议论。

这两个问题，一是内事，一是外事。言外事是朝野都能接受的，没有什么忌讳，言内事则容易引起当权者的猜忌。故此，汉文帝时的贾谊因诸侯王势力太大，已呈难制之势，提出『欲天下之治安，莫若众建诸侯而少其力』的主张，认为可以给宗室以很高的政治和经济待遇，但不能给他们实际的军政权力。年轻的贾谊得到汉文帝的赏识，已

招致一些诸侯大臣的嫉妒，又直言内事，积怨更深。于是，大臣们以贾谊『洛阳之人，年少初学，专欲擅权，纷乱诸事』为名，逼迫文帝不能重用贾谊，贾谊所提的建议也难以实施，以致唐代诗人李商隐有『可怜半夜虚前席，不问苍生问鬼神』之叹。

与贾谊同时代的还有两位年青人，也谈内外事，自然也招致诸侯大臣的猜忌。由于两人进言的方法不同，所得到的结果也不同。这就是袁（一为爰）盎和晁错。

从出身来看：袁盎父亲是盗贼，在吕后当权时，袁盎走吕禄的门路，得为吕禄的舍人，从此进入仕途。在汉文帝即位时，袁盎凭着其兄的举荐，升为郎中，得在文帝身边侍从，有了进言的机会。晁错也是家无渊源，『以文学为太常掌故』，是凭自己的才能进入仕途的。

不同的出身和经历，使他们在为人处事上相差很远。晁错为人峭直刻深，袁盎为人圆滑含蓄。在文帝时，晁错上书凡三十篇，涉及内外重大事务，虽然没有使文帝完全听从，但使文帝知其才能，其官也就不断升迁，从太子舍人、太子门大夫到太常博士、太子家令，升到中大夫，虽尚不是什么显官，已招人眼热。袁盎虽没有晁错那样文笔，但身为侍从，向文帝进言的机会很多，常使文帝悦服，官运也很亨通，在文帝之时官至吴国相。

在景帝为太子时，晁错为太子家令，常为景帝出谋划策，人号为『智囊』。景帝即位，晁错升为中大夫，转内史，超迁为御史大夫而身居副丞相之职，故『宠幸倾九卿』。这种升迁速度，肯定招人嫉妒。在晁错为内史时，当时

的丞相申屠嘉就很嫉妒，拟以晁错『穿宗庙垣为奏，请诛错。』幸而为晁错侦之，先行向景帝汇报，使申屠嘉计谋不成，深恨『吾悔不先斩错乃请之，为错所卖！』申屠嘉本是气性很大的人，『因呕血而死』。这使晁错更加荣崇，朝野也就更加侧目。

景帝即位，对袁盎来说，并不是什么好事，因为他身为吴国相，人在外地，难以进言，且景帝在为太子时，因与吴国太子下棋发生争执，『引博局提吴太子，杀之。』与吴国结成深怨。现在景帝即位，这种深怨肯定会爆发出来。袁盎出于避祸心理，及时告归，投靠丞相申屠嘉，以求自全，不料申屠嘉又死去，所恃已去，处境危险可知。

晁错受宠，袁盎失爱，这两个人的积怨必然要激化起来。本来晁错与袁盎就不相善，『错所居坐，盎辄避；盎所居坐，错亦避；两人未尝同堂语。』现在晁错为御史大夫，袁盎在京闲居，正是晁错报复的好机会。但这位好谈『权术』的晁错，非但没有害掉袁盎，反被不好谈权术而会用权术的袁盎所害。

以二人的权术而论，晁错深得景帝信任，也非常忠于景帝。为了景帝的尊严，他不惜多次更定法令。他自恃有权在手，不听左右劝谏，就是其父亲劝他，也改变不了他的初衷，使他父亲感到『刘氏安矣而晁氏危！』『不忍见祸逮身』而自杀。晁错本人因为是维护『天子之尊』，所以才不怕别人『口语多怨』。但做事优柔寡断，缺乏应变才能。有景帝的信任和重用，晁错自以为有恃无恐，孰料他的政敌竟使用很高明的手段，将其所恃变为所害。袁盎则不然，他比晁错要会看风使舵，他中伤人总能抓住要害。下面就他们所做的二三事进行比较。

在文帝时，袁盎不过是刚入仕的郎中，在文帝身边为侍从。这时绛侯周勃因平定诸吕，拥立文帝，志骄意满，而文帝也因周勃功高，礼之甚恭。袁盎借机向文帝进言道：『丞相（周勃）何如人也？』文帝对周勃正怀感激眷恋之情，便回答道：『社稷臣。』袁盎说：『绛侯所谓功臣，非社稷臣。社稷臣主在与在，主亡与亡。吕后时，诸吕用事，擅相王，刘氏不绝如带。是时绛侯为太尉，本兵柄，弗能正。吕后崩，大臣相与共诛诸吕，太尉主兵，适会其成功，所谓功臣，非社稷臣。丞相如有骄主色，陛下谦让，臣主失礼，窃为陛下弗取也。』自此以后，周勃的处境就不妙了，不得不辞相就侯位。然而在周勃被人诬告而抓进狱中时，袁盎力言周勃无罪，这又就使周勃感激他，『乃大与盎结交。』一石双鸟，上下均不遭怨。还有一次，袁盎安排文帝宠幸的慎夫人的座位时，把慎夫人的座位安排在皇后之下，慎夫人生气，不肯坐，文帝也因此恼怒，竟不入位，带慎夫人回后宫。袁盎因此进言：『臣闻「尊卑有序，则上下和」今陛下既已立后，慎夫人乃妾；妾、主岂可与同坐哉！且陛下幸之，即厚赐之；陛下所以为慎夫人，适所以祸之也。陛下独不见「人彘」（指吕后将戚夫人手足砍去扔在猪圈事）乎！』这不但使文帝转怒为喜，也使慎夫人心服，另赐袁盎金五十斤。由此可见袁盎处事多能抓住要害，对当时的政治斗争看得也很清楚，晁错当然不是他的对手。

晁错与袁盎结怨，现大权在手，足以制袁盎于死地，便使吏按袁盎受吴王财物，将袁盎贬为庶人。不久，吴、楚等七国叛乱，晁错也深知袁盎是其内忧。内忧不去，外患难除。晁错便对下属说：『袁盎多受吴王金钱，专为蔽匿，言不反；今果反，欲请治盎，宜知其计谋。』希望下属为他查找袁盎参加反叛的痕迹。当下属以『盎不宜有谋』为辞

时，晁错便犹豫不决，难以当机立断，最终又因此走露消息，使袁盎有转危为安的机会。由此可见，晁错为人处事不如袁盎，其受袁盎之害也是必然的。

袁盎得知晁错欲加害自己，于是托正受景帝眷爱的外戚窦婴为其引见，得以于深夜见到景帝，从容进言。景帝正为吴、楚反叛忧不能眠，与晁错在一起商议军事，见到原来为吴相的袁盎，自然话题就是此事。政敌在场，袁盎若不抓住景帝的心理，非但不能免祸，反而会给晁错以口实，故需相当高的技巧。当景帝问吴、楚反叛之事时，袁盎马上回答：『不足忧也，今破矣！』一下就将景帝注意力吸引过来。景帝说：『吴王即山铸钱，煮海为盐，诱天下豪杰，白头举事，此计不百全，岂发乎！何以言其无能为也？』袁盎得知景帝所虑，便为其释疑说道：『吴铜盐之利则有之，安得豪杰而诱之！诚令吴得豪杰，宜且辅而为谊，不反矣。吴所诱皆无赖子弟、亡命、铸钱奸人，故相诱为乱。』这种分析与晁错所估计相同，故晁错说：『盎策之善。』这就更使景帝关心如何平吴而向袁盎问计。袁盎见景帝入彀，便让景帝屏开左右，将晁错也屏开，得以单独进言。这样做虽招来晁错甚恨，但生死成败在此一举，袁盎只有孤注一掷了。袁盎说：『吴、楚相遗书，言高皇帝王子弟各有分地，今贼臣晁错擅适诸侯，削夺其地，以故反，欲西共诛错，复故地而罢。方今计独有斩错，发使赦吴、楚七国，复其故地，则兵可毋血刃而俱罢。』实际上袁盎这种估计是完全错误的，七国兵已发，犹如离弦之箭，想要收回是不可能的；再者，即使能收回，结怨已深，七国害怕朝廷日后以此报复，势必不能息。这主要是袁盎害晁错以求自安。景帝听了袁盎的话，沉思许久，居然说：『顾诚何如？吾不爱一人以谢天下。』于是，这位忠心于景帝，而自恃景帝为后台的晁错，便被景帝定为灭族了。而晁错尚不得知，其被捕杀时，还穿着朝服。

袁盎陷害晁错，使用的就是趁火打劫之计的制造忧患，趁其内外交迫而灭之的手法。于内，他知道君主所关心的是自己的安全和江山万世一系，借此抓住景帝的私心，使景帝的侥幸心理萌发，进而使晁错所恃失去，而内忧生矣。于外，他得知晁错为景帝策划削藩，因与晁错有怨，故意隐瞒吴国实情，使晁错对此问题估计不足，实际上是借外力以反晁错。内外相攻，晁错内忧外患俱至，终被灭族。虽然后来景帝发觉杀晁错是失策之事，也不好再为晁错平反，因为平反就意味着对自己的否定，君主是不肯承担其过的，这正是袁盎的高明之处。

武灵王趁乱制敌

在兵法上讲，敌有内忧，可以攻而夺之。其内忧是内部遇到的困难，诸如天地灾变，经济危机，政治昏暗，内战纷争等等。在政治斗争中，各种政治势力在相互倾轧时，内部的纷争相对减少；当在利益分配上不均衡时，内部的纷争就多。只要有政治权益和经济利益存在，不论是哪种政治势力，都会为此产生矛盾，在矛盾尖锐时，内乱就出现了。如果在此时政敌趁机发难，本集团则难以齐心协力，其衰败也就势在必然。

公元前299年，赵武灵王为了经略西北军事，将王位传给年仅十岁的少子何，即赵惠文王，以肥义为相国辅政，自称主父。赵武灵王胡服骑射，加强边防，充实赵军的战斗力，在诸国纷争中难以雄立一方。然而，赵武灵王做事武

断，偏听偏信，宠爱不定，这就使其能去外患，而难去内忧。

少子何是赵武灵王所宠爱的吴娃所生之子，爱屋及乌，因喜其母而爱其子，把原已立为太子的长子公子章废掉，而改立少子何，为使少子何能巩固王位，又提前传位。不想吴娃不久死去，屋不存焉，乌将何及？在这种情况下，赵武灵王又可怜起长子公子章来，认为废他有些对不住他。在传位三年后，赵武灵王把东安阳（今河北阳原县境内）封给公子章，称为代安阳君，并派田不礼为辅佐，准备征服代地而封公子章为代王。本来公子章就不服其弟为王，此时有实力在手，其不臣之心顿增。这时在赵国还有一大政治势力，就是公子成。公子成是赵武灵王的叔叔，在赵武灵王欲改胡服骑射时，他持反对意见，赵武灵王亲至其家说服，可见其有相当的势力，何况他手下还有一位谋士李兑。

公子成的谋士李兑清楚地看到赵武灵王的内忧，便找到相国肥义游说道：『公子章强壮而志骄，党众而欲大，殆有私乎？田不礼之为人也，忍杀而骄。二人相得，必有谋阴贼起，一出身徼幸。夫小人有欲，轻虑浅谋，徒见利而尖了其害，同类相推，俱入祸门。以吾观之，必出不久矣。子任重而势大，乱之所始，祸之所集也，子必先患。仁者爱万物而智者备祸于未形，不仁不智，何以为国？子奚不称疾毋出，传政于公子成？毋为怨府，毋为祸梯。』肥义也心知此事之棘手，但以『昔主父以王属义』为由，不肯将辅政之权出让，而准备以身迎难。异日肥义对左右说：『公子章与田不礼声善而实恶，内得主而外为暴，矫令以擅一旦之命，不难为也。今吾忧之，夜而忘寐，饥而忘食，盗出入

不可以不备。自今以来，有召王者必见吾面，我将以身先之，无故而后王可入也。』而李兑与公子成却早已做好事变的准备。

公元前295年，赵主父与赵惠文王出游至沙丘（今河北巨鹿县境内）时，公子章与田不礼诈称赵主父之令召赵惠文王，准备借此时杀掉赵惠文王，不想肥义先来，便先杀掉肥义。因没有除掉赵惠文王，赵惠文王的部下便与公子章混战起来。就在这时，早已准备好的公子成和李兑，『乃起四邑之兵入距难，杀公子章及田不礼，灭其党贼而定王室。』于是，公子成为相，封号安平君；李兑为司寇，封号奉阳君。公子章在初败时，走奔沙丘宫去投主父，主父开门纳之。公子成和李兑就派兵围困沙丘宫，等公子章被杀死之后，公子成和李兑认为：『以章故，围主父；即解兵，吾属夷矣！』便围住主父不放。『主父欲出不得，又不得食，探雀彀而食之，三月余，饿死沙丘宫。』这时赵惠文王年少，公子成和李兑专权，尔后李兑又为相，长期专断国政。

在赵主父因继承人问题上发生困惑而犹豫不决时，公子成和李兑抓住赵主父的内忧，不失时机地发起进攻，这就是使用了趁火打劫之计的敌有内忧，趁其难以自全而攻之的手法。如果公子成和李兑在攻杀公子章以后，就此罢手，则是劫而不全，其难免失去已经得到的利益。他们坚持围杀主父，最终才得到全胜。亦可见使用这种手法的变化，非善于掌握时机是难以获全胜的。因为劫而夺之是在别人难以自顾之时，被劫者当然不心甘情愿，如果让被劫者有还手之力，必然以死相拼。所以在使用此种手法时，关键要掌握『刚决柔』的根本，失此将难获成功。

第六计 声东击西

原文

敌志乱萃[①]，不虞[②]。坤下兑上之象[③]。利其不自主而取之。

按语

西汉，七国反[④]，周亚夫[⑤]坚壁不战。吴兵奔壁之东南陬，亚夫便备西北。已而，吴王精兵果攻西北，遂不得入。此敌志不乱，能自主也。

汉末，朱隽[⑥]围黄巾[⑦]于宛[⑧]，张围结垒，起土山以临城内，鸣鼓攻其西南，黄巾悉众赴之。隽自将精兵五千，掩其东北，遂乘虚而入。此敌志敌萃，不虞也。

然则声东击西之策，须视敌志乱否为定。乱，则胜；不乱，将自取败亡。险策也！

注释

①乱志乱萃：萃，丛生的草，聚集之意。《易经·萃卦》：『象曰：乃乱乃萃也，其志乱也。』其意是：行动混乱并与人杂聚一起，其心志已经迷乱。②不虞：意料不到。指将会有预料不到的事情发生。③坤下兑上之象：指泽地萃卦的卦象。坤象征地，兑象征泽。《易经·萃卦》：『象曰：泽上于地，萃；君子以除戎器，戒不虞。』意思是说：水聚集在地上而成泽，象征聚集。君子应当修治兵器，以防意外之事发生。《六十四卦经解·萃》：『泽上于

地，则聚水者堤防耳。故有溃决之虞。』意思是说：水聚在地上成泽，要依赖堤防储积，但是，水越聚越多，堤防就有溃决的危险。这是整条计谋的依据。④七国反：指西汉七国之乱。公元前154年，以吴王刘濞为首的七个分封国王，反对汉景帝采纳晁错的『削藩』建议，联合反叛中央，历时三个月，叛乱平息。⑤周亚夫：西汉名将，沛（今江苏省沛县）人，绛侯周勃的儿子，初封条侯。景帝三年（前154年）率兵平定吴、楚等七国之乱，后升丞相职位。⑥朱儁：即朱俊，东汉会稽上虞（今浙江省上虞）人。公元184年黄巾起义，东汉朝廷派他为右中郎将，与皇甫嵩等镇压黄巾军。后封钱塘侯。⑦黄巾：东汉末年，以张角为首创立『太平道』，号召组织农民大起义。公元184年起义，义军头缠黄巾，称黄巾军。后遭政府军和各地豪强、地主武装的血腥镇压而失败。⑧宛：宛城，今河南南阳。

译文

敌人的意志已经混乱，随时都有意料不到的灾祸发生。这是根据萃卦推算的结果。应当抓住敌人失去控制之有利时机而消灭它。

（按语）西汉景帝时，吴、楚等七国联合叛乱。西汉名将周亚夫坚守城堡，拒不出战。围城的吴国军队去攻打城的东南角，周亚夫便守备西北角。不久，吴王的精锐部队果然攻打西北角，终究攻不进去。这是敌人将领的意志不乱，能够自主的战例。

东汉末，右中郎将朱儁把黄巾军围困在宛城（今河南省南阳）。他在城外建立包围工事，并垒起小土山来俯视城

内的情况。然后，他擂起战鼓，命令军队向城的西南方进攻，黄巾军便奔去守卫西南角。朱儁却亲自率领五千精兵进攻东北角，于是，趁虚攻进城去。这就是敌人的意志已经混乱，不能预料突然事变的战例。

这样说来，声东击西之计，必须要以敌人将领的意志是否迷乱作为基础，敌人意志乱了，便能成功，敌人意志不乱，便将会自取失败。这是一条冒险的计策呀！

声东击西败联军

卫、鲁、蔡、陈、宋等五国曾联合攻打郑国。地处中原，位属大国的郑庄公平息了这场战乱后，仍很气愤，觉得这几个小国之所以胆敢进犯郑国，全因宋国从中搞鬼，便决定攻打宋国。这天，他召来群臣问计。

祭足分析当时的形势说：『卫鲁等五国既然曾经联合攻打我们，现在我们一旦攻打宋国，他们也必然会联兵救宋的。这几个国家虽然小，但联合起来的力量也不能小觑。以一敌五，正如俗话说的，双拳难敌四掌，我们恐怕不容易取胜。』

『无论如何我都要狠狠地教训宋国一顿，让它知道我们郑国不是好欺侮的，否则，以后它还会兴风作浪。请各位多给我想想办法！』郑庄公气咻咻地打断祭足的话。

祭足沉思片刻，说：『大王一定要攻打宋国，不如先与陈国结盟，再用重金收贿鲁国。这样，剩下的卫蔡两个弹

丸小国，就算它们援救宋国，也不足为虑了。只有用这样的离间方法，破坏他们五国的联盟，把宋国孤立，我们才能稳操胜券。请大王三思。』

郑庄公采纳了他的意见，立即派使者到陈国，要跟陈国结盟。陈侯知道郑庄公为人老奸巨猾，不能轻信，便拒绝了郑国的结盟要求。郑庄公又按照祭足的计谋，首先指使将士在两国边界频频惹起争端，乘机入侵陈国，大肆掳掠陈国的人和物，借以恐吓威迫陈侯；随后又派遣使者到陈国，把原先掳掠的东西全部还给陈国，以示联络通好，最后终于用这种软硬兼施的手段，迫使陈国与之签订了盟约。接着又用重金贿赂收买了鲁国。结果，原先的五国之盟就只剩下卫蔡宋三国了。

于是，郑庄公打着周王室的旗号，联合了齐鲁两国，三国联军浩浩荡荡地大举进攻宋国。双方在边境交战几场后，宋军大败，三国联军长驱直进，兵分几路攻打宋国几处重要城池。宋国境内一时烽烟频起，楚歌四奏，宋殇公吓得胆战心惊，面如土色，急召群臣问计。当下众大臣议论纷纷：有说分兵迎敌的，有说外请救兵的，有说投降的……

掌管全国军政重权的司马孔父嘉力排众议，说：『我们原先的五国联盟中，除了陈鲁两国被诱迫而附从了郑国外，尚有卫、蔡两国与我国保持友好关系。我们应当充分利用这种关系，以重金为酬，说服卫蔡援助我们。郑国集中了大部分兵力在这里，国内必定空虚，如果能借助卫蔡的力量去袭击郑国，一定能够成功。而郑庄公闻知本国受困，也一定会停止对这里的进犯，赶回去解国内之围。郑军既退，齐鲁两国就自然不会再留在这里了，我们也就可以不必

与敌人死战了。」

宋殇公闻言虽喜，却仍忧心忡忡：『你的计策虽好，但如果不是你亲自前往卫国，卫宣公也未必肯出兵帮助我们。』

孔父嘉慨然应允：『国家兴亡，匹夫有责。臣愿领一支精兵前往卫蔡求取救兵袭击郑国京城荥阳！』

宋殇公十分高兴，立即调遣精兵，命孔父嘉为将，携带黄金碧玉锦缎等重礼，连夜奔赴卫国求援。

卫宣公受了宋国的重礼，兼之与宋国的盟国关系，立即派遣大将率精兵随同孔父嘉，取小道出其不意地直逼郑国的京城荥阳。郑国留守的太子和祭足不敢出城接战，急忙传令加强防守，并派人飞报郑庄公。

孔父嘉见郑太子不敢应战，又生一计，率宋卫两国精兵在城外大肆掳掠，所抢劫的人和物不计其数，以激怒郑太子下城应战。郑太子果然被激怒了，披挂妥当，就要出城，却给祭足死死拦住。

卫将见郑国毫无反应，便要一鼓作气攻打荥阳，孔父嘉却劝他说：『大凡偷袭，只不过是乘人不备而侥幸成功；稍有所获，就应当知足而退。而且我们此次的目的是逼郑国退兵，而不是与他们交战。如果郑将出城与我们决战，我们尚可与之一战；如果我们在这里强攻，荥阳是郑国的都城，固若金汤，守备精良，更兼有祭足这样老谋深算的人守城，我们能轻易攻进去吗？万一郑庄公的大队兵马撤了回来，那时，我们就处于腹背受敌的绝境了。反正我们来偷袭郑国，已大有所获，不如见好就收，取道戴国，全军而退，顺便打戴国一个措手不及。估计我们离开郑国时，郑军也

应该离开宋国了。我们的目的也就达到啦。』

于是他们率军离开了郑国，转而围攻戴国。

郑庄公统帅三国联军在宋国攻城略地，连战皆捷，忽然接到国内告急文书，大惊失色，急忙下令班师。齐鲁两国军队杀得性起，正欲乘胜前进，却闻郑庄公要退兵，十分困惑，便问郑庄公何故。老奸巨猾的郑庄公没有向他们透露本国京城受困的消息，只是说：『我们这次攻打宋国，仰仗贵国的兵威，已取占城掠地之利，足以惩戒宋国了。我们是周天子辖下的仁义之师，就不要赶尽杀绝了。』

于是，三国分别退兵，宋国之危得以解决。

宋卫两国合兵围攻小小的戴国，满以为一战可胜，焉知戴国军民奋力抵抗，两军呈相持状态。统率联军的宋将孔父嘉又向蔡国借兵，三国大军把戴国围得水泄不通，眼看破城在即，忽闻：郑国派遣上将公子吕领兵救戴，已被戴侯（即戴国君）接进戴城去了。孔父嘉大怒：戴城本已唾手可得，现在则不但难以获胜，而且还得准备迎战戴郑两国联军的反攻，郑庄公太可恶了！他十分气愤，立即与卫蔡两国将领一起前往前线阵地，观察戴郑两军的动静，部署对付戴郑联军。

就在这时，却听得戴城连声炮响，眨眼间，城楼遍插郑国旗号，公子吕戎装披挂，正在城头拱手大声说：『有劳三国将士连日苦战，我主庄公已取戴城多时了。多多致谢！』

原来郑庄公闻三国联军伐戴，即设计：令公子吕率兵假装救戴，庄公则混在军中，骗得戴侯开了城门，他们就杀进戴城。戴军已跟三国联军激战多日，战斗力大为减弱，而且一心以为郑军是真正来救援的，从心理到防御都没有跟郑军作战的准备。结果，郑军入城后，立即倒戈杀向戴军，其势如破竹，打得戴军溃不成军。随后，把戴侯驱逐出境。这样，庄公混水摸鱼，不费吹灰之力，就把一个传了几百年的戴国轻易吞并了。

公子吕一番话，把孔父嘉气得把头盔狠狠摔在地上，大怒道：『今天誓与你郑庄公决一死战！』

宋将公子丑说：『庄公是大奸雄，最善用兵。如果他在我军后面埋有伏兵，我们就被前后夹击了。』

孔父嘉正在气头上，狠狠地瞪了他一眼，说：『你太胆怯了——』话未说完，士兵就来报告：郑国派人送来战书。孔父嘉当即批复：明天决战！

为了不致被郑军从城中突然冲出袭击，他指挥三国联军后退了20里地，与卫、蔡两国将领分左中右三营驻扎，每营间隔3里左右，结成犄角之势，自己居中，好及时照应救援左右两侧。到傍晚时分，三军刚分立营寨完毕，兵将还未解下兵甲，战马也未除下鞍鞯，就闻中军寨后一声炮响，接着火光冲天，兵车隆隆，似有千军万马杀将过来。士兵慌张来报：郑军杀到了。孔父嘉立即登车迎战。他才出营房，那火光车声却突然消失，就像根本没有发生过任何事一样。孔父嘉四处巡查一番，仍不见任何动静，只好吩咐回营。

谁知刚入营门不久，又闻左营炮声震耳，火光冲天，杀声不绝，仿如两军混战得难分难解一般。他暴跳如雷，立

刻又领兵往左营救应。焉知出得营来，还没走得多远，左营刚才的炮火又已经烟消云散，刚才的一切又好像根本没有发生过似的，把他气得嗷嗷大叫。吸取上次的教训，他派遣将士分散四处警戒，准备随时给干扰的郑军以迎头痛击。

岂料他刚部署完毕，右营那边却又传来隆隆炮声，熊熊烈火又起，人喊马嘶声也隐约从丛林深处传出。

孔父嘉明白：这是庄公的疑兵之计。他当即下令：『各路兵马不得乱动，违令者斩！』

不一会儿，左营火光重现，杀声震天。他冷笑道：『庄公老贼，任由你疑兵四布，我就是巍然不动，看你能奈我何！』就在这时，士兵来报：左营蔡军被劫。

『立即去救！』孔父嘉立即传令驾驭的士兵把战车驶往左营。战车甫动，右营火光又起，喊杀声惊天动地，地动山摇，也不知多少兵马在混战。驾驭的士兵停了车，征询他欲往何处。孔父嘉两眼喷火，大声喝道：『别理右营，只管往左，一定要与庄公老贼决一死战！』焉知驾驭战车的士兵方寸大乱，竟晕头转向地把战车往右边驶去。

路上恰遇一队兵马，已被庄公的疑兵弄得无名火起，却又无处发作的孔父嘉立即命令向对方发动进攻，双方当即厮杀起来。混战了近两个小时，才发现对方原来是卫军。只是到了这时，双方均已精疲力尽，损兵折将不少了。从卫将口中，孔父嘉才知道，在左营的蔡军遭郑军劫营后，一片混乱，很快就被郑军打得一败涂地，主将身亡，几乎全军覆没，所剩下的一些散兵游勇也逃回蔡国去了。孔父嘉闻讯恼恨交加，却又无可奈何，只好把两军合为一军，欲回中营，中营却又已被郑军袭取。孔急令回军，可是已经迟了，早被郑军从左右两边夹攻。孔父嘉只好与卫军主将分兵迎

敌。不一会儿，卫军主将阵亡，卫军溃散。孔父嘉见大势已去，再也无心恋战，拼死杀出一条血路，狼狈而逃。到彻底摆脱郑军时，天已黎明。检点一下随从自己杀出重围的士兵，只剩得二十多人了。

至此，郑庄公用声东击西之计，击败了宋卫蔡三国联军，大获全胜。

明斗不胜巧暗争

汉高祖刘邦曾经和韩信在一起议论开国诸将的优劣，韩信自恃功高能谋，对诸将不足横加批评，竟没有一人能称为良将的。在这种情况下，刘邦有些不快，便问到：『如我能将几何？』韩信也不观察刘邦的表情如何，此问是何目的，张口便说：『陛下不过能将十万。』刘邦已有些不快，便问：『于君如何？』韩信不加思索地答道：『臣多多而益善耳。』听此，刘邦不由轻蔑一笑说：『多多益善，何为为我禽？』韩信见刘邦直戳自己的短处，不无难堪地说：『陛下不能将兵，而善将将，此乃信之所以为陛下禽也。且陛下所谓天授，非人力也。』这是《史记·淮阴侯列传》所载的一段精彩对白。从这段对白中，人们可以看出刘邦和韩信各自的短长以及在复杂的政治和人际关系下的态度。刘邦所说的『何为为我禽』，是刘邦曾三次将韩信的兵权夺回，使之失去权力而在刘邦的严格控制之下。三擒韩信，乃至最后杀掉韩信。

第一次，单身称汉使，驰营夺兵权。

公元前206年，刘邦拜韩信为大将，明修栈道，暗度陈仓，进入中原，与项羽争天下。项羽英勇善战，刘邦屡战屡败。这时派韩信去攻魏，木罂渡水，平定魏地。刘邦又派韩信和张耳，北举燕、赵，东击齐，南绝楚粮道。韩信先破代国，转攻赵国，又背水一战，大破赵军。然后问计于赵国的广武君李左车。李左车说：『今将军涉西河，虏魏王，擒夏说；东下进径，不终朝而破赵二十万众，诛成安君；名闻海内，威震天下，农夫莫不辍耕释耒，丰衣甘食，倾耳以待命者，此将军之所长也。』让韩信镇抚赵地，以所长逼燕、齐，使他们望风而服。韩信请示刘邦，立张耳为赵王，镇抚赵国。刘邦同意，并以韩信为赵丞相，共镇赵地。

韩信攻打魏、赵，屡战屡胜；刘邦在荥阳与项羽对垒，屡战屡败。韩信休兵于赵，虽有楚兵袭击，终不为大患，故兵马强壮；刘邦与项羽苦战，损失惨重，虽有萧何频发关内民人助军，终感兵力捉襟见肘，急需补充。当时虽两雄相争，各诸侯拥兵自保，汉强则归汉，楚强则归楚，没有强大的实力，是不可能向他们征调军队的。韩信虽归刘邦节制，但现在也是独占一方的强者，强行征发他的军队，很可能促使他反叛。

在刘邦为缺军发愁时，项羽发起强攻，刘邦仅得与数十骑逃出荥阳。刘邦本想回关中收兵再战，听辕生的劝说，先向南收英布之兵，将项羽的注意力引向南方，然后又回荥阳。项羽寻战不舍，破荥阳，攻成皋。刘邦不敌，于成皋单身与滕公逃出。此时刘邦成为光杆大王，身边没有一兵一卒。思前想后，何处才能弄到军队呢？刘邦想到韩信的军队。便与滕公北渡黄河，直向韩信、张耳的赵军军垒赶来。离军垒不远，暂时住下，在清晨时，自称汉使，驰入赵壁。这时韩信、张耳尚在睡觉，刘邦直入他们的卧室，夺得他们的军符印信，调遣起军队来。等韩信、张耳起床，军权已失，不得不前来请安。刘邦借机将他们打发回赵国，让张耳留守赵国，韩信带赵的余兵去攻打齐国。

刘邦此次以韩信不备，夺得兵权，可谓老谋深算。他身在成皋，离韩信军营尚远，此为声东；清晨至营，诈称汉使，守门军士不会因此等事叫醒主帅，此亦声东；入则即夺兵符印信，迅速调兵遣将，掌握主动权，乃是击西。声东示之不攻，击西乃是必攻，此即是刘邦高于韩信之处。

第二次，凯歌声未住，奔袭再夺军。

韩信受命率赵余军去攻打齐国，将至平原时，就听说郦食其游说下齐国，韩信欲止攻。这时，范阳辩士蒯通劝说韩信：『郦生一士，伏轼掉三寸之舌，下齐七十余城，将军将数万众，岁余乃下赵五十余城，为将数岁，反不如一竖儒之功乎！』韩信乃袭击齐国历下军，直抵齐国都城临淄。齐王田广乃烹郦食其，败走高密，向楚求救。项羽派大将龙且来援齐，被韩信乘其半渡而破之，杀龙且，收楚卒，兵势大盛，乘势平定齐国。

韩信自以为功高，乃向刘邦请示，立他为假齐王。当时刘邦正被楚军困于荥阳，见到韩信的书信，不由大怒，骂道：『吾困于此，旦暮望若来佐我，乃欲自立为王！』这时张良和陈平正在刘邦身边，急忙蹑其足，又耳语说：『汉方不利，宁能禁信之王乎？不如因而立，善遇之，使自为守。不然，变生。』刘邦乃变脸复骂道：『大丈夫定诸侯，即为真王耳，何以假为！』乃派张良带印信立韩信为齐王，并征发其兵击楚。

此时韩信拥有重兵，独占山东之地，不独刘邦怕他，项羽也很怕他，便派武涉前来游说韩信。以『当今二王之

事，权在足下。足下右投则汉王胜，左投则项王胜。项王今日亡，则次取足下。足下与项王有故，何不反汉与楚联和，三分天下王之？』既有利诱，又有威胁。然韩信以刘邦待他优厚，不肯背叛。齐人蒯通知天下形势全在韩信的向背，也前来游说韩信。『韩信犹豫不忍背汉，又自以为功多，汉终不夺我齐，遂谢蒯通。』

韩信虽不忍背叛刘邦，但对刘邦还是有所防备，不肯轻易率军出齐地。公元前202年，刘邦追击项羽至固陵（今河南固始县），韩信的齐军，彭越的魏军，观望不前，项羽反击，大破汉军，刘邦只有坚壁自守。二人不来，难以胜楚，刘邦很是忧虑。这时，张良献计，以破楚所得之地和王号诱二人前来会师，大败楚军，将项羽困在垓下。项羽兵败，自刎乌江，楚地悉定。战胜项羽，全军都沉浸在欢乐之中，韩信也只等加封益地。孰料，刘邦借回师之际，驰入韩信军中，将其军权夺下。失去指挥权的韩信，只好随刘邦前去，刘邦以其有功，也不便处置，便将他改封楚王。

刘邦以王号和封地诱韩信离开齐地，此为声东；再以战胜还师为名，取道韩信军营，仍是声东；然后趁机急驰入韩信营垒，夺韩信兵权，此乃击西。韩信能将兵打仗，却不料刘邦在算计自己，此是韩信不如刘邦之处。然韩信两次被夺军权而不防，主要是居功自得，再加之刘邦常诱之以利。居功贪利，此是韩信之短也。

第三次，游云楚假道入楚，会诸侯智擒韩信。

韩信来到封地楚国，率先报自己少年在此地生活时的恩怨，然后准备享受其为王的快乐。孰料安枕生活难继，而奇祸常常不期而来。

项羽手下有几员能征善战的名将，即钟离昧、龙且、周殷等，因陈平施离间计，这些忠于他的将领遭到项羽的猜忌，也不听信他们的建议。项羽死后，名将只剩下钟离昧，刘邦岂能容他在世？钟离昧原与韩信有交情，兵败无处安身，便来投靠韩信，韩信自然收留。不料，钟离昧到楚之事为刘邦所闻，即下诏给韩信，让他将钟离昧捕往京师，韩信与其为友，自然举棋难定。一个无赖少年，现在荣归故里，自然得意非凡，巡行所属县邑，陈兵护卫，以壮声威，这也是常情。也正因此两件事，便有人告他谋反。刘邦听到此信，旧恨新怨涌上心头，便与诸将商议对策。诸将皆曰：『亟发兵，坑竖子耳！』刘邦也深知用兵打仗，诸将和他都不是韩信的对手，所以默然不应。

国难思良将，有事求谋臣。刘邦与诸将商议不出结果，便去找『一生好用阴谋』的陈平商议。陈平献计云：『古者天子有巡狩，会诸侯。陛下第出，伪游云梦会诸侯于陈。陈，楚之西界；信闻天子以好出游，其势必无事而郊迎谒；谒而陛下擒之，此特一力士之事耳！』刘邦听从其计，便照计行事。

有人告反，韩信也有所闻，其疑惧之间，刘邦已到其国界边，按道理他必须前往迎候。如果刘邦以大兵压境，韩信必然以兵相迎。现在刘邦游玩，带兵不多，韩信的疑惧也就去除，但终究还是有点心虚。正在这时，有人劝说韩信，杀掉钟离昧，再去见刘邦，一定无事。韩信便把钟离昧叫来，将此意告诉他。钟离昧听到此意，非常恼怒地说：『汉所以不击取楚，以昧在公所，若欲捕我以自媚于汉，吾今日死，公亦随手亡矣！』乃骂韩信道：『公非长者！』便拔剑自杀。正因为钟离昧死得冤枉，才为后人怜悯，乃至说他仙去，成为后来传说的八仙之一。

韩信拿着钟离昧的首级，心安理得地去见刘邦，不想武士出来，将其五花大绑，放在刘邦的后车，急忙驰往雒阳。在路上，韩信对刘邦说：『果若人言，「狡兔死，走狗烹；飞鸟尽，良弓藏；敌国破，谋臣亡。」天下已定，我固当烹！』这种怨恨追悔，使刘邦无言以对，不无难堪地说：『人告公反。』将韩信载至雒阳，然后赦韩信之罪，改为淮阴侯，留在京城，使他从此失去指挥军队的权力。

刘邦此次擒韩信，采用的仍是声东击西。声言游云梦，此是声东；不带重兵，轻车简从，使韩信不疑，此是声东；韩信来到，急忙捆载而去，使韩信远离他的势力，失去反抗能力，击西成功，但仍有防备，此为善于用声东击西之计，故获胜而无咎。

第四次，成也萧何，败也萧何，吕后斩韩信。

韩信昔日带兵纵横，为前拥后呼的一方国主，现在寄居长安，与远不如己的群臣为伍，心怏怏而怨望，悔恨之心常在，又不会掩饰，必然招祸。

公元前196年，代相陈豨反叛，刘邦亲自率军往征，韩信正在病中，不能随征，留在第安。据史载，韩信准备与陈豨里应外合，『诺与家臣夜诈诏赦诸官徒奴，欲发以袭吕后、太子；部署已定，待豨报。其余人得罪于信，信囚，欲杀之。舍人弟上变，告信欲反状于吕后。』此事真假，颇值得怀疑，但韩信怨望，应是存在的。吕后知韩信欲反，急与丞相萧何谋议。

想当初，韩信在刘邦处不得意，乃弃职逃走，萧何惜韩信是个人才，来不及禀告刘邦，便去追赶，乃至有人告萧何逃亡。经萧何的推荐，韩信得为重用，得以建立不世之功。现在韩信谋反，萧何不得不为主人出谋。

萧何闻变，即令人诈从刘邦处来，传言陈豨已被刘邦擒获而斩杀。这样大的捷报，韩廷文武及诸侯应该到皇宫祝贺。此时韩信正在病中，原本可以请病不来。这时，萧何便对韩信说：『虽疾，强入贺。』萧何是韩信的恩人，他的话当然使韩信不疑。于是，韩信也来宫中祝贺，被吕后派武士将其抓获，秘而不宣地斩在宫中。利刃加颈，韩信想起当初在齐国为王之时，不听蒯通所言，三分天下，鼎足而居。时至不行，反受其殃等劝说，长叹道：『吾悔不用蒯通之计，乃为儿女子所诈，岂非天哉！』

此次吕后杀韩信，用的也是声东击西之计。萧何诈称陈豨被擒杀，是按韩信与陈豨内外勾结而设的谋略。陈豨被杀，先断韩信的外援，又取得祝贺之名，是为声东；再借自己与韩信的知遇关系，请其必来，是为声东之助。既断其援又释其疑，韩信入宫，立即擒杀，击西目的完成。秘而不宣，趁势夷韩信三族，除其党羽，使无后患。环环相扣，可谓老谋深算，获胜而无咎也是必然的。

纵观三擒一斩韩信的经过，可以看出，刘邦和他的谋臣，在每次使用声东击西之计时，都是经过深思熟虑而后行的。刘邦和他的谋臣，利用韩信居功，自以为不会对他下手，在政治上优柔寡断的弱点，示之以不攻，造成声东的声势，使其不防，再以突发的形式，趁其优柔寡断之时，以出其不意的方式直捣其虚，故屡用屡奏其效，可谓老谋深

算。三擒不杀，在当时国家初建，根基尚不稳定之时，能起到安功臣，用其力的效用。此正是这种手法获得全胜而无咎的根本，亦可见声东击西之计的老谋深算，以必攻示不攻阴而取之手法的高明所在。

张良避势保太子

汉高祖刘邦在即位第二年就册立了太子刘盈。刘盈是吕后所生之子。后来刘邦得到定陶戚姬，爱幸备至。爱屋及乌，因宠爱戚夫人，便欲立戚夫人之子刘如意为太子。本来刘邦以刘盈仁弱，认为他不像自己，常欲废之而立刘如意。废立大事，在当时是事关国本之事，群臣焉能不争？刘盈之母吕后岂能罢休？可刘邦身为天子，大权在握，戚夫人又『日夜啼泣，欲立其子』，占有优势。在这种情况下，大臣虽力争，但『未能得坚决也』。吕后虽是女中强人，但也『不知所为』。在无可奈何的情况下，吕后找到『运筹于帷幄中，决胜千里外』的张良。

张良是开创汉王朝的功臣，深知功高震主，祸离不远。所以开国不久，就自称：『家世相韩，及韩灭，不爱万金之资，为韩报仇强秦，天下震动。今以三寸舌为帝者师，封万户，位到侯，此布衣之极，于良足矣。愿弃人间事，欲从赤松子游下。』乃学道，远离政治纠纷，实际上是自我保全的一种手段。在这种情况下，吕后找到张良，张良当然不会卷入这场危险的政治斗争中去。于是吕后指使诸吕劫持了张良，对他说：『君尝为上谋臣，今上且欲易太子，君安得高枕而臣？』张良推托说：『始上数在急困之中，幸用臣策；今天下安定，以爱欲易太子，骨肉之间，虽臣等百人何益！』诸吕此时只好强行问计。张良度不能脱身，再说他也偏向于众大臣的意见，乃出谋道：『此难以口舌争

也。顾上有所不能致者四人。四人年老矣，皆以上慢侮士，故逃匿山中，义不为汉臣。然上高此四人。今公诚能毋爱金玉璧帛，令太子为书，卑辞安车，因使辩士固请，宜来。来，以为客，时从入朝，令上见之，则一助也。』这四人便是所谓的『商山四皓』，即东园公、骑里委、夏黄公、里先生。张良此时使用的就是声东击西之计，名为助太子，实欲打消刘邦易太子之心。

商山四皓果然不凡，在公元前196年时，淮南王英布反叛，此时刘邦正患病在身，欲使太子刘盈将兵前往平叛。四皓认为：太子带兵打仗，有功也没什么好处，无功反受其祸；何况这些将领资历与刘邦差不多，『今使太子将之，此无异使羊将狼，皆不肯为用，其无功必矣。』再说君上正宠戚夫人，刘如意又在身边，一旦出现情况，其顶替太子地位定会成为既定事实。于是出谋让吕后哭请于帝，让刘邦亲自率军去平叛，吕后和太子留守京师，暂时躲过易太子的危机。

刘邦亲逢率军出征，群臣送行，张良扶病强起赶到，请刘邦以太子为将军，监关中兵。刘邦对张良是言听计从的，自然答应张良的请求说：『子房虽病，强卧而傅太子。』此时叔孙通正为太傅，乃以张良行少傅事。张良此计是安太子的关键，因为刘邦正病，脱有不测，太子掌握兵权，其位自固。

不料刘邦成功地镇压了英布的叛乱，又回到京师，因病情加剧，易太子之心甚急，张良劝说已不管用，叔孙通以死相争，虽得到刘邦的面许，但没有打消其易太子之念。就在这时，刘邦见到商山四皓，乃惊而问道：『吾求公，避

逃我，今公何自从吾儿游乎？』四人答道：『今闻太子仁孝，恭敬爱士，天下莫不延颈愿为太子死者，故臣等来。』这一番话，不得不使刘邦想到诸大臣的拼死相争，何况还有『天下莫不延颈愿为太子死者』之说。刘邦开始感觉太子的地位难以动摇了，不无伤感地对戚夫人说：『我欲易之，彼四人为之辅，羽翼已成，难动矣。』戚夫人听此，不由啼泣。刘邦强颜安慰道：『为我楚舞，吾为若楚歌。』歌云：『鸿鹄高飞，一举千里。羽翼已就，横绝四海。横绝四海，又可奈何！虽有缴，尚安所施！』老夫少妻，且歌且舞，嘘唏流涕，好不伤感。

面对『虽臣等百人何益』的易太子事，运筹帷幄的张良，明知不可为而为之，凭借他的聪明才智，调动各方面的力量，巧妙地避开刘邦的权势，此乃声东击西之计的运筹帷幄，以不可为而为谋而破之手法的成功应用者。《史记·索引述赞》云：『人称三杰，辩推八难。』张子房真奇才也。

第七计 无中生有

原文

诳①也，非诳也，实其所诳也。少阴，太阴，太阳②。

按语

无而示有，诳也。诳不可久而易觉，故无不可以终无。无中生有，则由诳而真，由虚而实矣。无，不可以败敌；生有，则败敌矣。

如令狐潮③围雍丘，张巡④缚稿为千余人，披黑衣，夜缒城下。潮兵争射之，得箭数十万。其后复夜缒人，潮兵笑，不设备。乃以死士五百砍潮营，焚垒幕，追奔十余里。

注释

①诳：欺诈，欺骗行为。这里指用假象欺骗人。②少阴，太阴，太阳：是四象中的三象，叠起为风雷益卦。《易经·益卦》：『益，利有攸往，利涉大川。』意思是：有利于前进，有利于渡过大河。这是一种冒险成功的启示。由少阴之象而积累为太阴之象，『阴极阳生』，则必然转化为太阳之象。阴若代表假象，阳则为真象。由小的假象而促成大的假象，似乎是确实的假象，最后将这种假象变成真象。③令狐潮：唐朝叛将安禄山的部将。④张巡：唐将，安史之乱时，起兵守雍丘，打败令狐潮。公元757年移守睢阳（今河南省商邱南），城陷，被杀。

译文

用假象去欺骗敌人，但不是要一直弄假，而是要使敌人信假是真，然后，巧妙地由假象变成真象，利用假象掩护真象。按照益卦的原理，用小的假象而促成大的假象，最后突然变成真象。

（按语）没有而装作有的样子，这是一种骗局。骗局不能长久，否则易被识破，所以没有不能永远没有。从没有变成有，这就是由假象变成真象，由不存在变成存在。假象是不能够打败敌人的，只有从假象变成真象，才能打败敌人。

比如：安史之乱时，令狐潮围了雍丘（今河南省杞县），城中守将张巡下令扎了1000多个稻草人，并为他们披上黑衣，然后在晚上用绳子缒下城去。令狐潮的士兵以为城里出兵偷袭，争相放箭，结果，张巡赚了几千枝箭。后来，又将他的士兵在夜里缒下城去，令狐潮的士兵见了，都笑起来，毫不作战斗准备。于是，张巡以500名敢死士冲击令狐潮的军营，并焚烧了他们的营幕和工事，一直追杀了十多里。

经典事例

无中生有戏楚王

战国时的张仪，学了一套『纵横术』，带了几个人跑到楚国那去求富贵。因找不着登龙的途径，在楚国潦倒起来，生活非常拮据，同去的人挨不下去了，便埋怨嚷着要回家去。

张仪就说：『你们是不是因为穷了，享受不到什么，就要回去呢？那根本不成问题！这样吧！再挨几天，不是我夸口，只要在见楚王之后，我包管大家吃穿不尽，否则的话，你们尽可敲碎我张仪的门牙！』

那时候，楚王正宠爱着两个美人，一个是南后，一个是郑袖。

不久，张仪见到了楚王，楚王很不喜欢他。张仪就说：『我到这里也相当久了，大王还不给我一点事做，如果大王真的不喜欢用我的话，请准我离开这里，去晋国跑一趟，看那边有没有机会碰碰！』

『好吧！你只管去吧！』楚王巴不得他赶快离开，一口答应。

『当然，不管那边有没有机会，我还是要回来一次。』张仪说，『但请问大王，对晋国有什么需要？譬如那边的土特产，我可顺便带一些回来！』

楚王冷眼向他扫一扫，淡淡地说：『金银珠宝，象牙犀角，本国多的是，对于晋国的东西，没什么可稀罕的。』

『大王就不喜欢那边的美女吗？』

这句话像电流一样，楚王一听，肌肉立即放松，眼一亮，连忙问：『什么，你说的是什么？』

『我说的是晋国的美女。』张仪假装正经地说，还做起手势向楚王解释。『哦——那真是妙呀！漂亮极了。晋国的女人，哪一个不似仙女一样？粉红的脸儿，雪白的肌肤，头发黑得发亮，走起路来如风摆杨柳，说话娇滴滴，简直比银玲还清脆。正所谓比花花枏谢，比月月无光，云须压衡岳，裙带系湘江……』

这一席话引得楚王的眼珠一直跟着张仪的手势转，连嘴巴也合不拢，说：『对对对！本国是一个荒僻地区，我也从未见过晋国的那些小女子，你不说，我倒忘了，那你就给我去办，多带些这样名贵的土特产回来吧！』

『不过，大王——』

『那还用说，货款是需要的。』楚王立即给了张仪很多银子，让他从速去办。

张仪又故意把这消息传开，直传到南后和郑袖的耳朵里。两人听了大起恐慌，连忙派人去向张仪疏通，告诉他说：『我们听说张先生奉楚王之命到晋国去买土特产，特地送上盘缠，给先生做路费！』因此，张仪又刮了一把。

张仪要向楚王辞行了，装出依依不舍的样子，说：『我这一次到晋国去，路途遥远，交通不便，不知哪一天可以回来，请大王赐我几杯酒，给我壮壮胆吧。』

『行，行！』楚王客气地叫人赐酒给张仪。

张仪饮了几杯，脸红起来，又装模作样地再拜请楚王，说：『这里没有别的人，敢请大王特别开恩，叫最信得过的人出来，亲手再赐我几杯，给我更大的鼓励和勇气。』

『可以，不成问题，只要能早日完成任务！』

楚王看在『土特产』份上，特别把最宠爱的南后和郑袖请了出来，轮流给张仪敬酒。

张仪一见连忙做出连酒都不敢饮的样子，『咚』的一声跪在楚王面前，说：『请大王把我杀了吧，我欺骗大

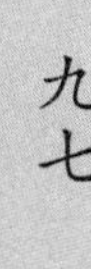

王了。』

『为什么？』楚王惊讶不已。

张仪说：『我足迹走遍天下，从未遇见有哪个女人比得上大王这两位贵妃长得这么漂亮的，过去我对大王说过要去找土特产，那是没有看过贵妃面之故，现在见了，觉得已把大王欺骗了，罪该万死！』

楚王松了口气，对张仪说：『我以为什么呢？那你不必起程了，也不必介意。我明白，天下间就根本没有谁比得上我的爱妃，是不是？』又连忙向左右贵妃献上殷勤，做了怪样。

南后和郑袖同时眨两下眼，嘴角一撇，『嗯！』

从此，楚王改变了对张仪的态度。

常侍欺主诬吕强

西汉灵帝时，宠信张让、赵忠、夏恽、郭胜、孙璋、毕岚、栗嵩、段珪、高刻、张恭等宦官，灵帝先后封他们为中常侍职，掌管宫中文书，传达皇帝诏令，执掌要权。而张让、赵忠等人，利用灵帝贪色重财心理，为其在宫中建商业等，让灵帝和宫女、宦官扮成商贾，讨价还价，做市利买卖。又在西园建游乐场，招一班无赖子弟，陪灵帝玩狗驾驴，把朝中文官所戴的帽子和绶带，戴在狗身上。又广收天下珍玩，进献给灵帝。甚至在宫中开办了一个官员交易所，把官职明码标价拍卖，谁出的价钱高，谁就可以做大官。十常侍靠阿谀迎合手段，取悦皇上，把灵帝玩于掌上，而荒诞不经的灵帝，不以为奸，甘愿被傀儡操纵，甚至公开对左右说：『张常侍就是我父亲，赵常侍就是我母亲。』灵帝认仆作父，自甘为子，如此推称，使十常侍恃宠跋扈，乘机大饱私囊，过上了骄奢淫逸，横行不法的生活。一次灵帝欲登长安宫的望台，远眺皇宫四周景致。十常侍担心自家所建富比皇帝宫阙的府第被灵帝瞧见，就使人哄骗灵帝，说：『皇上是上天的儿子，不应当登高。皇上登上高处，百姓就会四散，这是不吉的兆头』，灵帝受骗，从此再也不敢居高而远眺了。

汉灵帝的昏聩，十常侍的为非作歹，引发了东汉社会严重的社会危机。灵帝中平元年（184年），张角兄弟利用『太平道』，聚众起义。张角自封天公将军，其弟张宝、张梁封地公将军、人公将军，号召各地太平道教徒，头扎黄巾树旗造反。一时间，许多城池府第，相继失陷。洛阳亦为之震动。汉灵帝惊慌失措，匆忙令大将军何进据兵镇守洛阳，以北中郎将卢植、左中郎将皇甫嵩、右中郎将朱俊征讨『黄巾贼』。自恒帝以来因党锢之祸受逐杀失势的一些党人，也被启用起来，而且不少人在镇压『黄巾贼』的过程中立功受奖。反而一直受重用的宦官势力，中间出了个封胥、徐奉，与张角相互联络，图谋宫内外夹击，攻下京城洛阳。灵帝为此责怪十常侍，迫使张让、赵忠等人不得不收敛贪欲，纷纷召回过去安插在各地州县做官为将的父兄子弟，暂作退避之状。由此宦官赵忠等人迁怒于屡次劝谏灵帝的吕强，于是施行无中生有计谋，害死为人忠直，同任中常侍的他。

十常侍中的赵忠、夏恽，最先向吕强伸出魔爪。一天，他们乘灵帝退朝回宫，至灵帝前跪告：『中常侍吕强经常

同党人聚在一起，议论朝政。还私下阅读《霍光传》，有废立之心。他们兄弟居官的，全都贪赃枉法。』灵帝不辨真伪，立即命令中黄门领兵捕拿吕强。吕强耿性刚直，难忍折辱，忿然明告『大丈夫要尽忠报国，怎能受狱吏审问。』说完引颈自杀。赵忠、夏恽未料吕强如此刚烈，急忙献言灵帝：『吕强还没有清楚召他问什么事情，就自我了结了，说明他确实犯有罪行，才致如此。』灵帝受赵忠唆使，又收捕了吕强的亲属等人，把他家的财产抄没入宫。

吕强被赵忠、夏恽凭空诬陷害死，其原因，并非简单的同类人物之间的好恶嫉妒，实质内容，则是双方对灵帝执政以来的政策方针，有着巨大的分歧。究其大端，一是对党人的态度，二是对宦官势力专政的态度。东汉自桓帝以来，发生过两次著名的朝中士大夫与宦官之间互相冲突的党锢之祸。第一次是汉桓帝延熹九年（166年），朝中耿直大臣李膺、陈蕃、王畅等人，与京城太学生郭泰、贾彪等互通声气，他们对东汉以来的宦官干政现象深恶痛绝，必欲除恶务尽，他们互相推荐，评议时政，臧否人物，激浊扬清。同时对桓帝时的专权宦官侯鉴、张让等极力惩治打击。李膺为河南尹时，就要惩治与宦官紧密勾结、贪赃无数、声名狼藉的羊元群，结果反被诬陷。后来他做司隶校尉，带人到宦官张让家，杀死了躲在他家的弟弟张朔，因为他公开杀戮孕妇，虐人害物。洛阳人张成，恃着与宦官关系密切，指使儿子杀人报私仇。李膺不顾赦令，坚决杀死张成父子。结果，宦官指使张成的弟子牢，上书诬告李膺等人私养太学游士，交结诸群生徒，结成党羽，诽讪朝政惑乱风俗。宦官们群起借势推波，桓帝不分皂白，把李膺等人下狱，定为『党人』，下令全国搜捕。范滂、杜密等200多人都被下狱治罪，太尉陈蕃因反对拘捕党人，亦被灵帝免职，于是朝

野内外，为之缄口。直到次年，因为李膺等人在狱中故意用招供牵连宦官子弟，加上窦武等人为党人的上诉，二百多党人得以出狱见天，但是朝廷同时宣布：『党人遣回乡里，登记造册，书名三府，永远禁锢，再不得为官。』第二次党锢之祸，是比前一次更为惨烈的事件，灵帝于桓帝死后登基，年仅十二岁。窦太后临政听政，其兄窦武为大将军，陈蕃晋升太傅，共同辅政。窦武接近朝中正直官僚和士人，征召李膺、杜密、尹勋等名贤。灵帝建宁元年（168年）九月，窦武与陈蕃密谋，要除去操弄国权，为乱朝政已久的宦官势力。但是事机被泄，宦官王甫、曹节、郑飒等人首先发难，以武力劫太后挟灵帝，杀害了窦武、陈蕃。第二年，又哄骗灵帝，大兴党狱，在全国搜捕迫害党人。李膺、范滂等党人一百多人被杀，家属被流徙边郡。一些官员任意指诬有威望或与己有怨隙者，结果全国被废黜、禁锢的无辜的党人就有六七百人。

以上两次党锢之祸，都以宦官得胜而终。到了熹平元年（172年），宦官们又借机把与朝中官僚靠近的京城太学生一千多人下狱，从此以后，侯览、王甫、曹节等一帮宦官，势霸东汉朝野，为所欲为地祸害国家。而对此问题，身为中常侍之一的吕强，却为国家大政着想，当中平元年张角起义发生后，吕强最先站出来，对汉灵帝说：『禁锢党人的禁令已有很长时间了，天下人心早已腹藏怨情，如果不予以赦宥，万一党人之心与张角相联，黄巾势力将会扩大滋长，到那时，后悔都来不及了。请陛下从现今起，诛杀左右贪赃污浊的官员，大赦天下党人。并考察检查各州郡刺史、郡守的能力，如果能这样做，叛乱肯定能平息下去。』汉灵帝畏惧黄巾起义的威势，只好接受了吕强的建议，大

赦天下党人，允许被流徙党人返归故里。吕强要把同宦官势同水火的党人解放出来，极大地触犯了以张让、赵忠为代表的宦官集团利益，为此，他们敌视吕强，这是吕强被赵忠等人诬害的第一个原因。

吕强被杀的第二个原因是他对汉灵帝的劝谏，破坏了张让、赵忠等十常侍们，利用灵帝贪财荒诞，让其沉湎其中而不能自拔，从而达到操纵灵帝，把持朝政，又能乘机中饱私囊的策略。灵帝是天下罕见的贪财皇帝。在宫中建交易市场，扮做赚钱的老板。又公开卖官得钱，有的人暂时无钱买，还可以赊账挂欠，等到自己走马上任大肆搜刮民，饱了腰包后再连本带息交还。灵帝又好积私蓄，各地进贡的珍品，每次都要把精中又精的珍品先送到灵帝在宫中的私库中，名之为『导行费』，为此，吕强上书规劝灵帝，说：『天下的财富，莫不归陛下所有，本无公私之分。但是现在中尚方广敛各州郡的珍宝，中御府中又广积天下的丝织品。西园里保管的是朝中大司农该管的府藏，马录骥厩中拴的是太仆该管的马匹。又广征导行费，增加民困。一些奸吏乘机得利，百姓反受其弊。另外一些阿谀奉承之徒，进献私财给陛下。以使陛下能纵容姑息，风气因此而进一步变坏。』吕强反对灵帝积私财，重佞臣，自然与取悦灵帝，积极兴办此类活动的十常侍发生冲突，皇帝不贪财，赵忠等人就没有顺手牵羊的下手机会，那金碧辉煌的豪华宅第就建不起来，皇上清正英断，十常侍怎能在朝中发号施令，飞扬跋扈呢？吕强在上书中，还反对灵帝撇开三公，仅由尚书负责选官或是灵帝直接下诏任命官员的办法，暗中批评灵帝把宠信的十常侍父兄子弟宗亲们提拔任用，放到州郡做官，造成这些人横行不法，无官敢管的情状。吕强的劝谏被灵帝置之一旁，黄巾起义后，吕强再一次劝谏灵帝，要求灵帝

诛杀贪官污吏，考察州郡刺史、郡守的能力，其矛头也是指向任用兄弟亲属为官扰民祸民的张让、赵忠等人。后来，宦官们果然被迫召回了自己的亲属子弟，他们更加怨恨给皇上出主意的吕强，必欲去之而后快，于是就有了我们篇首所述的一幕诬陷害人的惨剧，终于害死了吕强。

萧望之因谗遇害

萧望之，字长倩，东海兰陵（今山东枣庄东南）人，后徙杜陵。家世以田为业。至萧望之，好学，研究齐地所传《诗经》。又习《论语》、《礼服》等，成为专家，受到京师诸儒的尊重。汉昭帝时，大将军霍光秉政，诛杀上官杰之后，出入皆列兵自卫。召见吏民时，要先搜身，然后两吏挟持而见。长史丙吉推荐萧望之给霍光，霍光召见萧望之。两吏夹持萧望之而进，而萧望之却受不了这个规定，大闹大嚷，宁愿不见霍光也不愿受人挟持。霍光听见萧望之吵闹，敕吏勿挟持。萧望之到霍光面前说：『将军以功德辅幼主，将以流化天下，致于治平，足以使天下之士延颈企踵，争愿自效，以辅高明。今士之见者皆先露索挟持，恐非周公相成躬吐握之礼，致白屋之意。』霍光很不高兴，独不提拔萧望之，而任用其他几人，萧望之被派去守宫门，同门对他说：『不肯碌碌，反抱关而守邪？』萧望之说：『各从己志。』

霍光去世后，萧望之见霍家权势极盛，有衰败之兆，便上书陈灾异之变。后霍家被灭，萧望之开始受到重用。汉宣帝见萧望之精明持重，议论有余，材任宰相，想试一下萧望之的为政能力，便委任萧望之为左冯翊。萧望之为左冯

翊三年，受到人们的称赞，宣帝延他为大鸿胪，向朝廷之建议屡被采纳。后萧望之因非难耿寿昌建长平仓，又和丞相丙吉争执，宣帝不悦，左迁萧望之为太子太傅，以《论语》、《礼服》教授皇太子。

汉宣帝病重时，选大臣之可属以后事者，召外家亲属侍中乐陵侯史高、太子太傅萧望之，少府周堪至禁中，拜史高为大司马车骑将军，萧望之为前将军光禄勋，周堪为光禄大夫，皆受遗诏辅政，领尚书事。汉宣帝去世后，汉元帝即位，萧望之和周堪做过元帝的老师，因而颇受尊重，数次被汉元帝设宴召见，言治乱，陈王事。萧望之又推荐刘氏宗室刘更生（刘向）和侍中金敞并拾遗左右，四人同心谋议，规划朝政，汉元帝对他们也比较信任。

当初，汉宣帝在世时，不太注重儒术，而多用法律之士，中书宦官开始参予政事。中书令宦弘恭、石显久典枢机，明习文法，也和车骑将军史高相为表里，论议朝政常持故法而不从萧望之等人。弘恭和石显二人不能持正公平，多挑起事端。萧望之以为，中书为国家政治之根本，应选用贤明的人来充任。自汉武帝游宴后庭，为图省力而开始任用宦官，但此非汉家旧制，又违背不近刑余之人的古训。因此，萧望之向元帝建议中书官应选士人充任。而此举正和史高、弘恭，石显之辈相抵触。当时，汉元帝刚即位不久，谦让而重改作，讨论了很久而不能确定下来，刘更生反而被他们排挤出去任宗正之职。

萧望之和周堪是当时很有威望的学者，数次向汉元帝推荐名儒茂材以充任谏官。会稽（今浙江绍兴）人郑朋暗中想依附萧望之，向汉元帝上书告发车骑将军史高派遣门客在郡国地方图谋奸利以及许家和史家子弟的各种罪过。元帝

接到郑朋的奏折后，拿给周堪看，周堪请元帝让郑朋待诏金马门。郑朋又上奏赞扬萧望之说：『将军体周、召之德，秉公绰之质，有下、庄之威，至乎耳顺之年（六十岁），履折冲之位，号至将军，诚为士人之高致。窟穴黎庶莫不欢喜，都说国家委任将军诚得其人也。』萧望之接待了郑朋。郑朋几次在朝堂称述萧望之，而攻击车骑将军史高，谈许氏和史氏的过失。

后来，郑朋行为倾邪阴险，萧望之便和他断绝了来往。郑朋和大司农史李宫俱待诏，周堪只推荐了李宫为黄门郎。郑朋因此心怀怨恨，转而投靠许、史两家，将以前的事情都推到别人身上，说：『这都是周堪和刘更生他们教我的。我是关东人，怎么知道这些事情？』侍中许章向汉元帝引见了郑朋。郑朋出宫后，扬言说：『我见了皇帝陛下，谈了前将军的五个小过失，一个大罪。中书令在旁边，知道我是怎么讲的。』萧望之听说后，去问弘恭和石显。弘恭和石显怕萧望之自己向汉元帝倾诉，而使这件事由他人处理，便挟制郑朋和待诏华龙。华龙在宣帝时也是待诏，品行不端，升不上去。想投靠周堪等，不被接纳，这时便和郑朋相勾结，弘恭和石显命他二人向汉元帝告萧望之等人准备斥退车骑将军史高和许、史二家，趁萧望之放假回家休息，让二人入宫上奏。汉元帝将此事交给弘恭处理，萧望之回答说：『外戚之在位者多奢侈淫靡，这样做是为匡正国家，非为个人。』弘恭、石显便告『萧望之、周堪、刘更生等结为朋党，互相称举，数次诽谤大臣，诋毁离间陛下的亲戚，欲以专擅权势，为臣不忠，诬上不道，请谒者召致廷尉。』当时，汉元帝刚刚即位，不知道『谒者召致廷尉』的意思就是下狱，便同意了。后来，元帝要召见周堪和萧望

之，左右回答说已关进了监狱，元帝一听大惊，说：『不是讲光廷尉查问一下吗？』召责弘恭和石显，二人皆叩头道歉。元帝下令让二人出狱视事。弘恭和石显去找史高，让史高对汉元帝说：『皇上刚刚即位，未以德化闻于天下，而先验师傅。既然已经将九卿下狱，那就应当审问清楚。』元帝便下诏说：『前将军萧望之傅朕八年，没有其他罪过，今事已久远，志忘难明。其赦萧望之罪，收前将军光禄勋印绶，以及周堪、刘更生等，皆免为庶人。』而郑朋却当上了黄门郎。

几个月后，汉元帝又下诏：『国之将兴，尊师而重傅，故前将军萧望之傅朕八年，道以经术，此功劳非小。其赐萧望之关内侯，食邑六百户，坐次将军。』汉元帝正想倚重萧望之，任萧望之为丞相，正赶上萧望之的儿子萧上书讼父亲无罪，事下有司，复奏『萧望之教子上书，称引《诗经》，失大臣之体，不敬，请逮捕。』弘恭和石显知道萧望之平素志节高尚，不肯受任何屈辱，便对汉元帝说：『萧望之为将军辅政，想排斥许、史二家，专擅朝政。幸得不被治罪，又赐以爵位，与闻政事，不悔过服罪，则圣朝天以施恩厚。』汉元帝说：『萧太傅平素十分刚强，怎么肯让狱吏去审问他？』石显便哄骗汉元帝说：『人命至重，萧望之只是犯了言语之罪，不会有什么事。』汉元帝便同意了。石显等见诡计得逞，立即将诏令交给谒者去敕令萧望之接旨，一面令太常赶快调发执金吾所属军队包围萧望之的家。使者至，召萧望之，萧望之想自杀，夫人拦住了他，以为此非天子之意。萧望之问门生朱云，朱云是个节烈之士，劝萧望之自杀。于是，萧望之仰天长叹，说：『我曾经备位将相，年过六十，老而入狱，苟求活命，那样不是太没有一点骨气了吗？』之后便喝药自杀了。汉元帝知道后大惊，说：『我本来就知道他不肯就牢狱。你们果然杀了我的师傅！』元帝当时正在吃饭，气得连饭也吃不下，哭了起来。之后又召石显等人问情况。石显见奸意已逞，又摸透了元帝的脾气，只是免冠而谢。汉元帝虽然为师傅的死而悲伤，却不知道将罪魁祸首石显等人治罪，实在可悲。

第八计　暗渡陈仓①

示之以动。利其静而有主。益动而巽②。

奇出于正③，无正则不能出奇。不明修栈道④，则不能暗渡陈仓。

昔邓艾⑤屯白水⑥之北，姜维⑦遣廖化⑧屯白水之南，而结营焉。艾谓诸将曰：『维今卒还，吾军少，法当来渡。而不作桥。此维使化持我，令不得还，必自东袭取洮城⑨矣。』艾即夜潜军，径到洮城，维果来渡。而艾先至，据城，得以不破。

此则是姜维不善于用暗渡陈仓之计，而邓艾察知其声东击西之谋也。

注释

①陈仓：地名，在今陕西宝鸡东二十里处。②益动而巽：《易经·益卦》：『彖曰：益动而巽，日进无疆。』意思是说：顺着常理而行动，就会每天都有增益，直到永远。巽，在八卦中象征风，顺风而行，必然容易。运用到军事上，若要使用暗渡陈仓之计，所有行动必要符合一般的战争原则。③奇正：指战争的出奇制胜的变化和一般原则。④栈道：在险绝的山上或悬崖绝壁用竹木架设的道路。⑤邓艾：三

国时魏国人，字士载。当初为司马懿椽属，后作为镇西将军，公元263年同钟会分兵入蜀，灭之。后为钟会所杀。⑥白水：即桓水、强川，源出岷山。邓艾与蜀将姜维相拒之地。邓艾在北岸，姜维在南岸。⑦姜维：三国时蜀将，字伯约，长期与魏军作战，多建奇功。⑧廖化：三国蜀将，字元俭。⑨洮城：地名，今甘肃岷县西百里处。

译文

故意暴露自己的行动吸引敌人，利用敌人专心注意自己的动向而固守不动时，我方则采取主动，偷偷迂回到敌人的后方袭击敌人。根据益卦原理，作战方法一定要顺乎常理才能有所成功。

（按语）出奇制胜，产生于常规的用兵方法。没有按照常规的用兵原则行动，就不能达到出奇制胜的目的。如果没有明修栈道的军事行动，就不会取得暗渡陈仓的成功。

过去三国时，魏将邓艾驻守在白水北岸，蜀将姜维却派遣廖化防守在白水南岸，并且安营扎寨。邓艾对各位将领说：『如今姜维突然回军，我们兵力少，按一般的作战规则，姜维应该过河来攻，然而至今仍不见架桥。这是他让廖化来牵制我，他却想断我的归路，必然率领主力部队向东袭击洮城去了。』于是邓艾连夜带兵回到洮城。果然姜维前来，然而邓艾已经先到，固守城池，结果未被攻破。

这是一则姜维不善于运用暗渡陈仓之计，而邓艾却识破了他声东击西之计的战例。

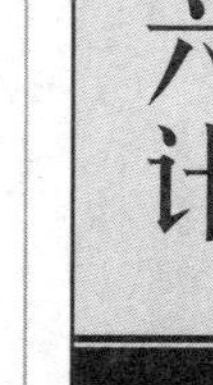

李园诡诈夺政权

李园及其妹李环是战国时期赵国人，本是名不见经传的小人物。然而正是这两个小人物，实施『明修栈道，暗渡陈仓』之计，首先骗过了楚国令尹黄歇，由黄歇推荐，一人当上了楚国王后，一个成为楚国权臣，然后采用突袭手段杀黄歇于宫城，使其苦心经营二十多年而建立起来的朋党集团一朝倾覆。事情的原委是这样的。

黄歇，楚国人，早年出外求学，由于博闻强记，学业精到而闻名于世，后来投奔楚顷襄王，顷襄王发现黄歇能言善辩，思维敏捷，便派他出使秦国，在秦国，黄歇大展辩术，说服了秦昭王取消进攻楚国的计划，得到顷襄王重用，晋升为左徒。后又随太子完一起赴秦为质，被太子引为患难知己。楚顷襄王三十六年（前263年）秋，顷襄王死去，太子完即位，即楚考烈王。黄歇被任命为令尹，此是楚国最高军政长官，加封号为春申君，成为战国四君之一。

这时齐国的孟尝君已经去世，但赵有平原君，魏有信陵君，加上各国封君大臣，仍然争相礼贤下士，招揽士人宾客，互相倾夺，专权把持国政。春申君黄歇虽为后来者，却也不示弱，积极加入礼贤下士的角逐。在极为短暂的时间里，招揽了几千名党徒，聚敛了巨大的财富。

秦国包围邯郸时，赵国平原君派人到楚国告急，又亲自到楚国结盟，后来楚国出兵，由春申君黄歇统领前去救赵。邯郸解围后，平原君为了感谢楚国及春申君相救之恩，派使者到楚国来见春申君。春申君黄歇安排来使住在最好

的驿馆里。赵国的使者是平原君的门客，自以为平原君最为富有，自己不能丢了主人的面子，让楚人小看了，于是便戴上饰有玳瑁的头簪，刀剑的鞘上也装饰着珠宝玉石，约好与春申君的门客在馆驿相会。春申君的门客共有三千多人，来访者都是有身份的，当这些人来到馆驿时，赵国使者——平原君门客吃惊地发现，春申君的门客不但头上、佩剑上、腰带上金光闪闪，就连脚上穿的鞋子居然也镶着亮晶晶的珠宝！他惊得目瞪口呆，自惭形秽。

春申君黄歇把持相位，朋党门客势力越来越大，盘踞着中央地方政权的许多要害部门，这不能不引起其他贵族大臣直至考烈王本人的嫉恨，只因黄歇势力太大，一时无从下手。公元前241年，楚考烈王二十二年，也是春申君执政的第22年，东方各国诸侯看到秦国攻伐不已，便再次合纵，除齐国外，其他五国联合起来向秦国发起进攻。楚考烈王被推举为纵长，黄歇实际主持战事。合纵联军逼近函谷关，由于内部不和，矛盾重重，所以秦军一出，五国联军随即土崩瓦解。楚国无奈，为避开秦国日益强大的攻势，迁都到寿春（今安徽寿县）。考烈王抓住这个借口责怪黄歇，从此对他也开始疏远了。

眼看楚王对自己越来越疏远，黄歇尽管大权在握，但心中不免升起一种不祥的预感。他日夜焦虑，盘算着如何才能重新得到考烈王的信任和亲近。

考烈王虽然后宫庞大，却没有儿子，黄歇认为这是自己表示忠心的大好机会，便四处寻觅生育力强的美女献进宫去，可是过了很久，仍未见生出个王子来。黄歇急得寝食不安。这种情形最容易被野心家利用，野心家真的出现了。

李园是赵国人，他有个妹妹，生得美丽动人，倾国倾城。得知楚王寻访美女，李园便带着妹妹来到楚国，打算把妹妹献给楚王，碰碰运气。可是到了楚国后，听人说过去进献的女子都没有生子，李园担心妹妹也会因此而失宠，便踌躇起来，不久又听人说春申君党徒众多，权势炙手可热，又与考烈王有患难之交，许多美女都经过他的手送进宫去，李园沉思良久，一条毒计便在他的心中酝酿形成了。

这天，李园来到春申君府邸，请求春申君收他为舍人——即门客。黄歇见他眉清目秀，口齿伶俐，行动机敏，很是喜欢，便欣然收留了他。

没过几天，李园来向春申君请假，说是回家探亲，黄歇同意了，并定下了回来的日期。时间很快，过了日期很久，仍不见李园的人影，黄歇十分生气，心想：『这个人刚做我的门客就失期不归，实在不像话！』

又过了几天，有人报说李园求见，黄歇命他进见。只见李园风尘仆仆，好像走了很远的路，黄歇觉得奇怪，便问原由。李园急忙跪下请罪，然后解释道：『小人本来能准时返回的，只因齐王派使者到小人家里，要小人将妹子献给齐王，小人与他周旋数日，屡次将他灌醉，才得以脱身，逃回楚国。』

黄歇问道：『令妹有何才气，竟惹得齐王派人寻访？』

『舍妹会弹琴，能读《诗》、《书》，可通一经。』李园急忙答道。

黄歇听了，不觉心里一动，又问道：『已将令妹聘给齐王了么？』

『哪里，小人将齐国使者灌醉后，便和舍妹一同奔到楚国，所以未聘与齐王。』

黄歇听罢，故作毫不介意，随便问道：『黄歇可否有幸一见令妹？』

『当然可以！』

『那么好吧，明天你带令妹到离亭来见我。』

看到黄歇上了圈套，李园心中一阵狂喜，便急忙回去为妹妹梳妆洗浴，准备第二天带她去见春申君。

赵国出美女，是有了名的。黄歇早有耳闻，李园当然知道自己妹妹的动人之处，绝非寻常美女可比，所以才敢冒这个险。这天他用一辆小彩车载着妹妹来到春申君家别墅后园。

黄歇早已摆下酒宴，备好琴瑟、手鼓。时值黄昏，只见一位少女，身披晚霞，飘然而至，向黄歇深深下拜：『民女李环再拜将军阁下。』

黄歇听到这清丽柔润的嗓音，不禁顺声望去：面前这位少女真个明眸皓齿、体态婀娜，浑身透出一股青春的生命力。只见她低垂眼帘，更显出几分羞涩和娇媚，看得春申君心旌摇荡，情不自禁，命她弹琴。一曲未终，黄歇早已叹服叫绝。曲罢，又亮起歌喉，清脆甜润，美妙无比。黄歇的魂魄立即被面前这位小精灵摄去了，忘了什么礼法、尊严，恨不能立刻和她融化在一起。他直着双眼，起身来到李环跟前，伸手挽住她的玉臂，恳求她留宿府中。李环含羞答应了……

第二天上午，已是艳阳高照，多年来早出晚归、勤苦严谨的春申君黄歇竟第一次懒懒地躺在床上，乜斜着眼睛欣赏着正在梳妆的李环，早已忘了时辰。李环回身注视着黄歇，故作郑重地说道：『妾听说大王年老却没有子嗣，把国家都托付给将军。将军若在外面沉湎于酒色，不理政事，让大王知道了，不是有负于大王的信任，也让妾兄妹有负于将军夫人么？所以请将军赶快叮嘱属下，不要把这件事泄露出去。』

黄歇如梦方醒，立刻下令官属门客：不许说出淫于美女之事。

大约过了一个月左右，李环发现自己有了身孕。这天她突然呜咽着对黄歇哭述：『妾承将军爱怜，恨不能终生陪伴，以报知遇之恩。可是看到将军处境艰难，妾身前途未卜，心中悲伤。』李环一句话，触到黄歇的隐痛：是啊，大王一天比一天疏远自己，形势对自己不利，现在又淫于美女，政事有所荒废，若让大王知道，将如何是好？想到这，他不禁长叹一声，却默然无话。

李环一见有机可乘，便趁势试探着说：『妾想来想去，只有一个办法可解眼前危困。』

『有什么办法，美人请讲。』黄歇听说有办法，眼睛为之一亮。

李环欲言又止，犹豫道：『妾不知当讲不当讲。』

『有话就讲，怕什么？』黄歇急了。

『将军若赦妾妄语之罪便讲。』李环又卖了一个关子。

『好，我赦罪，我保你无罪。』

李环这才将她兄妹二人早已策划好的一篇说辞和盘托出：『将军莫急，听妾说来。将军知道，大王信任将军，使将军身居高位，富贵无比，就连大王的兄弟也比不上将军。将军担任楚国令尹已有20多年，也算位极人臣了。可大王没有子嗣，一旦驾崩，只能立兄弟为王，他们即位，肯定要任用自己的亲信，将军如何能长久保有眼前的宠幸和富贵呢？如果那样，将军从前所做的和所拥有的一切不就都白白失掉了么？将军掌权日久，总有对大王兄弟无礼之处，即使做得再好，他们也早就怨恨将军独占大王的信任和宠爱，所以一旦他们即位，将军免不了要大祸临头，哪还能保住相印和江东的封地呢？』

看到黄歇额头已渗出冷汗，李环掩饰住内心的轻蔑和得意，转入正题：『妾如今已有身孕，别人还不知道，妾仰承将军的雨露之恩还不太久，将军若能凭借手中的权力，把妾进献给大王，妾一定会让大王以为腹中胎儿就是龙种，若苍天赐给我们一个男孩，那么日后即位当王的不就是将军之子么？到那时，整个楚国就是将军的家业，还担心什么前途不测，还怕什么君王怪罪呢？』

黄歇早被这个大胆而奇异的计策惊呆了，他不但没有怀疑，反倒深深叹服李环的聪明和机智，甚至为李环舍身救人的牺牲精神所感动，他不禁双膝跪下，握住李环的手说：『美人相救之恩，黄歇终身不忘！』说罢，两人抱头痛哭，宛若生离死别。

第二天，黄歇把李环安排到馆舍中暂住，命令兵将严密护卫。五天以后，黄歇趁早朝，对考烈王道：『城中有位赵国美女，臣已看过，非常适合大王，可为大王生育子嗣。』

考烈王听了，自然同意，便召李环入宫，加以宠幸。李环十月怀胎，一朝分娩，果然生下个男孩。考烈王大喜，整个宫中都沸腾起来，新生的小王子立即被册立为太子，母以子贵，李环也被立为王后。李环向楚王推荐哥哥李园，楚王二话不说，立即任用李园，这样，李园离开了春申君府，入朝担任大官。

短短一年时间，事情竟发生了戏剧性的变化，李环由一介平民女子，成为楚国王后，儿子立为太子，李园则从一个江湖骗子、私家门客，摇身一变成为国家大臣、王室国舅，显赫无比。兄妹俩的计划还没有全部实现，他们虽然实现了荣华富贵的梦想，却担心好景不长，害怕春申君黄歇把事情真相泄露出去，也怕他将来倚仗自己是新王的生父，骄横跋扈，妨碍他们最终控制楚国，实现野心，所以必欲除掉之后快。而要除掉黄歇，首先必须有比黄歇势力还要强大的朋党集团。于是李园也学着黄歇的样子，礼贤下士，招揽门客，从头做起，组建自己的朋党集团。不同的是，他还暗中豢养杀手，伺机杀掉黄歇。可见以李园为首的新的朋党集团具有更大的破坏性。

楚考烈王二十五年（前238年），也就是春申君黄歇执政的第25年，考烈王病重，形势对黄歇越来越不利，可他不但一点没有觉察，反倒沉浸在李环与他在枕畔立下的海誓山盟中，做着当太上王的美梦哩。

一天，有个叫朱英的门客深夜求见，说是有要事相告，黄歇屏退左右，两人便谈了起来。门客很认真地问黄歇：

『不知君知道吗，世上本有意想不到的福禄，也有意想不到的祸患。眼下君正处在一个万事变幻莫测的时代，一切都在意想不到之中，所侍奉的又恰恰是命运无法预测的君王。不过即使有如此严重的危机，为什么不可能会有一个意想不到的有用之人呢？』

黄歇莫名其妙，疑惑不解地问道：『什么叫「意想不到的福禄」？』

朱英笑了：『君任楚国令尹二十余年，虽然名为相国，其实与楚王又有何区别？如今楚王病重，早晚要驾崩，太子年幼，身体也不健壮，到时君辅佐少主，实际上是摄政当国，就像商朝的伊尹和周初的周公那样。待王年长后再把权力归还给他。这不和南面称孤而拥有楚国一样么？这就叫「意想不到的福禄」。』

『什么叫「意想不到的祸患」？』

『李园并非为官出身，虽是国舅，却并未担任军事将官之职，可却偷偷豢养杀手死士，已非一两日了。大王一旦驾崩，李园肯定抢先入宫，拥立少主，假借王命，然后除掉你。这就是「意想不到的祸患」。』

『那谁又是「意想不到的人」呢？』

『臣此来特请君事先任命臣为郎中（即国王侍从）。大王驾崩后，李园必首先抢入宫中，臣请求替君刺杀李园。如此则君可免却那意想不到的无妄之灾。臣不就正是那个「意想不到的有用之人」么？』

春申君听了，哈哈大笑，挥手说：『先生算了吧，不要再说了。李园这个人我还不晓得？他是个软弱无能之人，

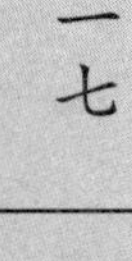

我对他一直很好，他对我也是感恩戴德的，怎么会干那种事呢？这是绝对不可能的。』

朱英没想到黄歇竟如此粗心大意，看到无法说服主人，又怕事泄被杀，便急忙出来，连夜远走他乡，躲开了这是非之地。

朱英走后的第17天，楚考烈王去世了。黄歇想起自己青年时代与考烈王一同生活在秦国，历尽难险，回国后又一同享尽人间的荣华富贵，后来尽管有些隔阂，但到底是生死之交，一生没有反目，如今考烈王死了，黄歇感到非常悲痛。他一边料理丧事，一边考虑着将来的打算。可是，另一方面，不管怎么说，考烈王死了，再也没有谁能把自己怎么样了，想到这，黄歇在悲痛之余，又有些轻松自得了。他哪里料到，大祸就在眼前。

按惯例，国不可一日无君，第二天是大臣进宫商议立新君的日子，黄歇早早便起床了，盛装朝服，仪容整齐威严，招呼几个门客，驾车往王宫而来，路上遇见别的大臣，他远远拱手示意。车子徐徐驶入宫城棘门。黄歇虽然面色严肃，心中却抑制不住兴奋和愉快，想到自己的儿子就要成为楚国的国王，受到万民的朝贺，自己实际上成了太上王、摄政王，甚至还可能有机会和美人儿李环重叙旧情，嗳，几年过去了，不知我那位可爱的美人儿如今怎么样了，是不是还是那么动人、那么多情，想到这儿，他的脸上不禁微微泛起一层红光，嘴角露出一丝笑意。突然，猛听得背后一声巨响，黄歇的车子刚刚进入棘门，他回头看时，只见宫门已经紧紧地关死了，再看前面，几十个武士手执戈矛冲到车前，黄歇脑海中闪过各种记忆，他想起了朱英的话，感到事情不妙，刚要张嘴喊叫，杀手们一拥而上，从两侧乱枪齐刺，可怜黄歇少年辩口，用计强秦，20年的宰相威风，3000多门客势力，竟在几秒钟内便倒在血泊中，杀手们一拥而上，争着割下黄歇的人头，血淋淋地扔出宫门之外。大臣们见了，吓得纷纷逃避，几个随行的门客也早被杀手们消灭。这时李园出现了，只见他杀气腾腾，手执宝剑，命令杀手们带领官吏、兵丁、门客直奔春申君府邸，不分老幼，逢人便杀，很快便将黄歇满门抄斩，门客们见主子身死，家势败落，便一哄而散，苦心经营20多年建立起来的巨大的朋党集团就这样顷刻间瓦解了。

黄歇和李环的儿子悍被舅父李园立为楚王，即楚幽王。幽王立十年便夭折，据说幽王之后的惠王名叫犹，竟是悍的同母弟，即李环入宫后生的儿子，不知他的父亲到底是谁，即位不到两个月，便被自己的庶兄，即考烈王另外的妃子或宫女所生的儿子负刍杀死了。春申君败亡了，李园兄妹也未能善终。不到十年，两个儿子相继死去，发动暴乱夺取王位的负刍之流同样逃不脱厄运。就在负刍即位的第五年（前223年），秦王派大将王翦、蒙武率大军攻陷楚都寿春，俘虏负刍，历时千年的古老部族、800年的著名诸侯国，就这样灭亡了。

韩信罂渡败魏王

公元前206年，楚汉相争，彭城一战，项羽打败了刘邦。这年6月，原来已经归附刘邦的魏王豹又叛汉投楚，并率兵占据了刘邦去关中的交通要道——蒲津关。刘邦派谋士郦食其前往魏营争取魏王豹，遭到拒绝，于是便以韩信为元帅于同年8月率兵攻魏。魏王豹派重兵把守黄河东岸的蒲坂（今山西忻县），封锁了黄河渡口临晋津，阻止汉军渡河……

这一天，韩信等领军到达临晋津，望见对岸尽是魏兵把守，不便径直渡河，于是便命令就地安营扎寨，与魏兵隔河相持，暗中则派遣精干人员探索上流形势。不久，得到探报，说是上流各段都有魏兵严密把守，只有夏阳一处，魏兵较少，防备空虚。韩信听了这一探报，认真分析，想出一条计策来了。他先召曹参入帐，命令他立即领兵进山砍伐木材，不论大小，都可有用。接着，又召灌婴，命他派出士兵分头前往市中购买瓦罂数千只，每只瓦罂须能容二石粮食。灌婴听了不知韩信要买瓦罂用途何在，想问个究竟，韩信不予回答，只教遵令行事。事隔两日，曹参、灌婴先后将所办齐的木材、瓦罂向韩信缴令。韩信又命他们二人按自己的设计制造出一种木罂，即用木头夹住罂底，四周缚成方格，用绳绊住，一格一罂，数十罂合为一排，数千罂分成数十排。灌婴听了韩信这番安排更加纳闷。便问曹参道：『大军渡河需要用的船只已经征集了，为何还要这种木罂呢？』曹参回答说：『此事我也不太清楚，就按元帅命令行事吧！』于是二人日夜督工制造，不消几天，数千只木罂就制齐了。韩信亲自验收，等到当天黄昏时候，韩信命令灌婴领数千人在原地不动，并交待只准摇旗擂鼓，守住船只，不得擅自渡河，有敢违命者斩。而韩信自己则与曹参一道督促大军，搬运木罂，夤夜赶到夏阳，并立即将木罂放入河中，每罂装载士兵二三人。士兵坐在罂上用器械划动，罂行四平八稳，并不倾覆；韩信、曹参也跟着坐罂渡河。好不容易到达对岸，全体将士跳上岸去，整队前进。却说临晋津渡口魏国守将只是率军严守，听到对岸汉军战船列成一排，声声呐喊，更是越加小心，一步也不敢离开。就是魏王

豹也只注意临晋方向而忽视了夏阳，误以为夏阳平日没有船只，汉军根本无法渡过。可谁知韩信竟用木罂把汉军主力渡过河了呢？汉军在夏阳偷渡成功后，一路前进，毫无阻挡，一直进到东张，才见到有魏军营寨，曹参拍马舞刀，领军向魏营杀去，魏将孙仓猝应战，大败亏输，汉军又乘胜前进，再取安邑，直捣魏都，魏王豹亲自领兵迎敌，又遭大败。魏军弃甲投戈，纷纷请降，魏王豹也迫于大势已去，只得下马伏地，束手就擒了。

陈平用计擒樊哙

陈平是西汉高祖刘邦的重要谋臣，自汉二年（前205年）投奔刘邦以后，屡以奇计辅佐刘邦，如以反间计，离散项羽、范增君臣，使项羽失去了第一谋臣范增；汉三年五月设计乔装诱敌，使刘邦金蝉脱壳得以逃脱久遭楚王围困的荥阳。汉四年，他及时暗示刘邦，封韩信为齐王，为后来联齐攻楚，最后在垓下击溃项羽势力创造了机会；刘邦欲除楚王韩信，消灭异姓王，又是他帮刘邦定计作云梦泽伪游，一举擒获韩信；汉七年，刘邦因出征韩王信，在白登被匈奴冒顿单于以几十万大军包围，在粮尽援绝的紧要关头，又是陈平出计，以美人图活动单于之妻，大军得以解围而出，陈平由此功封曲逆侯，成为刘邦左右功臣中，惟一尽食一县者。陈平以奇计谋略，获得刘邦的尊重和信任，尤其到了刘邦晚年，张良功成身退，陈平成为他赖以依靠的重要帮手，直至临死前，还向吕后嘱咐陈平可用。

汉高祖十二年（前195年），燕王卢绾起兵反汉，二月，刘邦命樊哙率兵平叛。樊哙出征不久，有人在刘邦前进言，说樊哙勾结吕后，就等高祖死后乘机夺权。刘邦听到此言，心中恼怒，说：『樊哙见我病重，是要盼我速死。』

打算临阵换将，以周勃替代。因担心樊哙领兵在外，手下有精兵强将，谋取不易，于是问计于陈平，陈平认为，不能到军中强行执缚樊哙，只有巧取才为妥当。绛侯周勃不宜公开出面，最好先隐蔽起来，由陈平出面先稳住樊哙，然后，周勃突然闯入军中，乘樊哙没有戒备时，宣旨斩杀，夺印代将。刘邦以为计策高明，令陈平、周勃速去。

陈平、周勃领命出发，一路上两人商讨擒获樊哙的具体行动。在商谈时，陈平对周勃说：『樊哙是皇上的故交，立下有如鸿门宴上救皇上等许多战功，又是现今朝中拥有强大势力的吕后妹夫，既是功勋又是皇亲，皇上因一时生气，要我们杀他，如果事后气消，思之后悔，会归罪于我们。何况吕后及樊哙的妻子吕媭再在中间插手，我们罪名更深，所以，不如暂时拿住樊哙，送往朝廷，听由皇上惩处。』周勃同意陈平的意见。

陈平、周勃将到樊哙军营时，周勃藏身大车之中，陈平让人在樊哙军营之外从速建筑一土台，作为诏宣皇帝圣旨所用，又派人去面见樊哙，通知他陈平代皇帝前来宣诏。樊哙本为一武将，见只有文官陈平带一些随从前来，真的以为陈平是来军中宣布皇上的一般诏书，丝毫不怀疑其中有诈，立即随陈平的手下赶到土台前接诏。正在陈平宣读诏旨时，哪知背后闪出绛侯周勃，只听一声令下，左右两边隐蔽的一些兵士一起涌上，把樊哙缚住，关入狱车中，周勃则快马驰到樊哙大营，进入中军大帐，召文武属官集会，宣布樊哙罪行，自己遵旨代将。陈平则押解樊哙前往长安。

陈平不愧是汉初睿智的谋略家，要起阴谋来也是不动声色，得心应手。这『明修栈道、暗渡陈仓』之计，本是西汉第一谋臣张良在西汉元年四月西就封国时，出谋要刘邦烧毁凌空高架的栈道，示意诸侯自己无东归之心，为麻痹

项羽所用。张良的『明毁栈道』，导致了四个月后韩信的『明修栈道』，陈仓暗渡，定灭三秦，此类故事，对陈平来说都是身历其中，当然如数家珍，非常清楚的。那暗渡陈仓的好手韩信后来又是败在他们的计策之下，所以说陈平运用暗渡陈仓之计，是有其得天独厚的优势之处，不过是现在他把此计由军事战场上，搬到政治权力场上的争斗。刘邦晚年，随着异姓诸侯王的相继被杀，和刘姓子孙诸王的封藩，在中央政权内部，渐渐崛起一股外戚吕氏势力。吕后是刘邦的结发妻子，吕氏宗族亦是刘邦起兵的最早参加者，吕氏利用刘邦年老身体有病，自己有机会干预朝政的机会，逐渐地把吕家一班人安排进朝廷的各个部门。大将樊哙与吕氏结成姻亲，领兵在外，廷内有颇有心术的辟阳侯审其食为吕后出谋划策，吕氏家族欲改刘家天下的苗头已经出现，在此情况下，陈平受命刘邦除杀与吕氏势力关系亲密的樊哙，这就不仅是一个简单遵旨杀人的事，更关系到陈平自身在未来的中央政权中能否存身的一件大事，故此，陈平巧施暗渡陈仓之计，以一介文官身份，单独约见樊哙，迷惑樊哙使其上当，而以大将周勃，隐藏偷袭，一举擒住樊哙。明里建台宣旨，暗里突袭擒敌。这样既避免了与樊哙军将面对面的冲突，又能对刘邦交差，把杀樊哙的责任推卸给刘邦，使将要得势的吕氏家族，不至于怪罪自己。果然，陈平在押解樊哙至长安途中，刘邦在京病逝，吕家班子把持了朝政正要磨刀霍霍，向帮助刘邦开国的元勋功臣动手。陈平幸亏未斩樊哙，有了一个安抚吕氏的资本，于是赶紧急驰京都，以哭丧为名，表面哭刘邦，实是示心意，泣告自己没有轻易处斩樊哙，不过押解来京，吕后及其妹吕媭得知樊哙未死，放下心来，转而安慰悲伤的陈平，且收回让其出外就职的成命，吕后执政后，还让他做了丞相。

第九计　隔岸观火

原文

阳乖[1]序乱，阴以待逆。暴戾恣睢[2]，其势自毙。顺以动，豫；豫，顺以动[3]。

按语

乖气浮张，逼则受击，退则远之，则乱自起。

昔袁尚、袁熙[4]奔辽东，众尚有数千骑。初，辽东太守公孙康[5]恃远不服。及曹操破乌丸[6]，或说操遂征之，尚兄弟可擒也。操曰：『吾方使康斩送尚、熙首来，不烦兵矣。』九月，操引兵自柳城还，康即斩尚、熙，传其首。诸将问其故，操曰：『彼素畏尚等，吾急之，则并力；缓之，则相图，其势然也。』

或曰：此兵书火攻之道也。按兵书《火攻篇》[7]，前段言火攻之法，后段言慎动之理，与隔岸观火之意，亦相吻合。

注释

①乖：违背，不协调。②暴戾恣睢：暴戾，残暴凶狠；恣睢，横暴的样子。凶恶残暴，任意横行。③顺以动，豫；豫，顺以动：《易经·豫卦》：『彖曰：豫，刚应而志行，顺以动，豫；豫，顺以动。』《易豫·卦疏》：『谓之豫者，取逸豫之义。以和顺而动，动不违众，众皆豫悦也。』其意思是说：顺应时机，采取和顺的态度，就会愉快。

④袁尚、袁熙：三国时袁绍的儿子，袁绍死后，袁尚、袁熙逃奔辽西乌丸。乌丸败，又投奔辽东公孙康，被公孙康所杀。⑤公孙康：三国时期公孙度的儿子，曾割据辽东。后被曹操任命为左将军。⑥乌丸：又称乌桓，东胡族。⑦火攻篇：《孙子》篇目之一。

敌人的分裂已经趋于公开，秩序开始混乱，我方则暗中等待他们内部发生暴乱。任意横行，穷凶极恶，势必自取灭亡。应时而动，态度和顺，就会得到愉快的结果。

（按语）敌人的内部矛盾已经暴露出来了，如果逼近他们，就会受到他们的联合还击。如果让开他们远远地避开，那么，他们的内乱就会发生了。

从前三国时，袁绍的儿子袁尚、袁熙投奔辽东太守公孙康，还带领着几千名骑兵。原先公孙康依仗自己所处的地方偏远，而不肯屈从曹操。等到曹操击败了乌丸以后，有人建议曹操乘胜远征公孙康，就能够抓住袁氏兄弟。曹操说：『我正要让公孙康杀掉袁尚、袁熙，把他们的头送来呢，不用劳师动众去远征了。』九月，曹操率领大军从柳城（今辽宁省锦县西北）撤回，公孙康就杀了袁尚、袁熙，把脑袋送来了。各位将领向曹操请教原因。曹操说：『公孙康素来害怕袁氏兄弟，如果我急于用兵，他们定然联合抗拒；如果放松一下，他们就会自相火并：这是必然的发展趋势。』

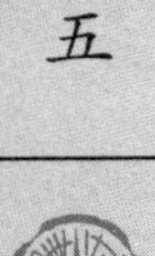

有人说：这是兵书中『火攻法』的原理。按《孙子·火攻篇》所论，前段谈火攻的法则，后段谈慎重用兵的理论，与隔岸观火的意思也是互相吻合的。

经典事例

张居正谋权秉政

张居正是明神宗时的政治改革家，自隆庆六年（1572年）六月，在朝辅弼年幼的明神宗理政，躬身辅政，忠君爱国，又锐意革新，厘剔宿弊。政治上针砭沉痼革弊除旧，裁汰冗官，条理刑狱，选拔英才。经济上清丈土地，行一条鞭法。又整饬边防，任用良将，练兵筹防，设茶马市、互通蒙汉，终于使明初以来的积弊衰败，在万历初年为之一改，出现了短暂的『海内肃清、四夷宾服。太仓粟可支数年，府库寺积金四百余万』的清平世界。张居正得以成功革政，有他个人的突出才干、皇族的信赖等多方面的原因，但其中的一个主要原因，是他独居朝廷揆首地位，大权独揽，得以大刀阔斧地施展手脚。因为他籍贯湖北江陵，时人把他一人专断朝纲的现象称为江陵秉政。

张居正由万历皇帝上台之初的三个顾命共同执政，变为一人独揽权柄，得益于他成功的隔岸观火谋略，此事说起来，倒也有一番曲折的故事。

张居正生于嘉靖年间，23岁考中进士选充庶吉士，25岁进翰林院为编修，居正青少年时期即有远大政治抱负，曾上《论时政疏》，指陈明政权有宗室骄恣、庶官瘝旷、吏治因循、边备废弛、财用大亏五大弊端，要求兴利革弊。当

时因为严嵩专权，他郁郁不得志，俟到严嵩失势，徐阶担任内阁首辅，张居正开始被重用，到了穆宗朱载垕隆庆初年，他连年晋升，晋迁礼部尚书，兼武英殿大学士。二年（1568年）加少保兼太子太保。徐阶致仕回乡时，推荐富有城府能担大任的张居正进内阁，由此，张居正始得操政，到隆庆六年（1572年）一月，他由太子太傅再迁少师兼太子太师。六年五月，明穆宗中风病逝，临终前遗命高拱、张居正、高仪三人辅弼皇朝。六月初十，明神宗朱翊钧即皇帝位，年方十岁，三个顾命大臣中，大学士高拱在穆宗之世，即专权用事，居三顾命之首。高仪体衰疾病缠身，穆宗死后，没多少天也一命呜呼。这样，剩下高拱、张居正两顾命居朝理事，但是就在这个月的六月十六日，高拱突然被褫去官衔职位，勒令即日出京，回原籍闲住，张居正取而代之，成为内阁首揆。

高拱被夺职逐乡的原因是与宫内太监冯保的矛盾激化，被皇帝亲近的『大伴』冯保谗言挑拨，又利用穆宗皇后陈皇后、李贵妃的宠信，乘机以异己排挤。高拱是河南新郑人，嘉靖二十年中进士后，为裕王朱载垕做讲官长达九年，后来升迁太常寺卿、国子监祭酒、礼部尚书等职。嘉靖四十五年（1560年），明世宗朱厚熜去世，裕王朱载垕嗣位为帝，即明穆宗。高拱由帝师得以入阁，拜文渊阁大学士。隆庆元年（1567年）因为同内阁首辅有矛盾隔阂，被迫还乡闲居。隆庆三年，因为宫内太监腾祥、陈洪、孟冲等人的帮助，再次入阁办事，上台之后，为了报答举荐自己的陈洪、孟冲，他打破惯例，把应由秉笔太监冯保升任的司礼监掌印太监一职，先后让陈洪、孟冲两人担任，把冯保置之一边。冯保在隆庆初年，还领掌过皇帝的耳目机构东厂，按成例，掌厂者必升司礼太监这个太监中的最高职位。冯保应该升补而

不得晋迁，他清楚这是高拱从中阻梗作私下交易，不禁心中衔恨，对高拱由愤生仇，就想利用机会陷构高拱。

冯保自小进明宫，在神宗皇帝做皇子时常伴身侧，提携捧抱细心照顾，被神宗称为『大伴』。自世宗时起，长期担任仅次于司礼监掌印大监之职的秉笔太监，此职专掌章奏文书，照阁票批，也是一个事关机要的实权之职，冯保给人的印象平和谨慎，喜爱书琴文章，有君子之风，长期接近朝政权柄，养成胸藏城府笑而不露的习惯。明穆宗去世，神宗上台，他分析形势，认为凭自己与幼帝的关系，和经常接触幕后监政的神宗生母李贵妃、皇后陈氏的便利条件，加之内阁辅臣张居正的鼓励支持，现今正是除去高拱的最好时机。于是他连续施展阴谋，先是利用手掌奏章批阅之便，篡改明穆宗遗诏，说自己与三大臣一起，同受穆宗临终顾命，为自己攻击朝臣高拱，议论朝政制造合理依据。接着，他又行诬言栽赃之法。穆宗去世时，高拱在内阁号泣，神宗派冯保征求高拱对朝政的意见，高拱的悲伤之中，念及穆宗三十六岁即撒手人寰，遗留下十岁的儿子嗣位为帝，悲痛之中随口说道：『十岁太子如何治理天下啊！』冯保有心构陷，跑到陈皇后、李贵妃面前诬告，说高拱轻蔑新皇，说『（指冯保）你捧了圣旨，我说这不过是一个不满十岁的孩子的话，难道真能做人主管理天下大事吗？』冯保挑起皇后、贵妃对高拱的仇恨，伪言高拱居心不良，又在宫内暗地散布流言，说首辅高拱要废神宗另拥周王为帝，煽动神宗对高拱的厌恶。

高拱居内阁首辅，对冯保的谗言诬告已有所闻，虽然他没有冯保那样方便地进出宫室的便利条件，但在外朝，自度势力强大。于是授意各位给事中、御史等众言官，上折弹劾冯保矫诏乱政，行为不轨，想以此定冯保死罪。冯保见

言官纷纷上奏，开始也担心害怕，心念一动，干脆把全部奏章扣匿起来。高拱不知其中奥妙，还以为自己稳操胜券。六月十六日朝臣早朝时，他照例站在前列，却见冯保手执黄纸文书，代为宣读皇后、贵妃和幼皇谕旨：『大学士高拱，揽权擅政，夺威福自专，通不许皇帝主管。我母子日夕惊惧。令回籍闲住，不许停留。』高拱大意失荆州，突遭袭击，神色大变，一下子瘫倒在地。即日收拾行装返回原籍。

高拱与冯保的权力争斗，最大的赢家是张居正。高拱被逐，冯保得胜后，只不过升上了自己理应升上的司礼太监之座，此职虽是内朝要职，但冯毕竟只是宫中的一个奴才，当时李贵妃、陈皇后等人，对内宫控制甚紧，他要想大有作为，困难重重。张居正则不一样，从小怀有济世治乱大志，早就有意一朝执行权柄，实现自己平生政治抱负的愿望。高拱与冯保二人相斗伊始，他就看得清清楚楚，冯保的暗中活动，高拱的磨拳擦掌，时值穆宗新丧，幼皇嗣立之初，作为同列阁辅的张居正，理应居中调和劝解、安定混乱的时政。但是张居正并没有这样做，而是恪守保身、取利的原则，在冯保、高拱准备决斗，但胜负未卜的情况下，他决不直接介入，只是隔岸观火，坐观高、冯成败决战。当时他找了个十分正当的理由，就是与司礼太监遭宪一起，到天寿山为明穆宗卜择陵地，远离权力斗争的旋涡。六月初十日，明神宗登基典礼，他赶回京城，旋以中暑生病为由，居家养病。六月十六日，宣诏逐高拱后，他见大局已定，赶紧走向前台，不再回避。十九日，他在平台见神宗，旋升任内阁首辅，坐收高拱失势后的渔利，一任十年，终于成就了一番『中兴』事业。

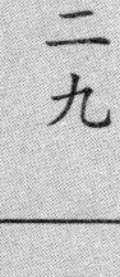

丘吉尔壁观谋利

1941年6月22日，德国法西斯的军队以『闪电战』进攻苏联，苏德战争终于爆发！

英国首相丘吉尔是一个相当顽固的铁杆反共分子，关于这一点丘吉尔自己也毫不隐讳。他在得悉法西斯军队开始进攻苏联时发表的广播讲话中直言不讳：『在过去的25年中，没有一个人像我这样始终一贯地反对共产主义……』

在丘吉尔的骨子里，他既憎恨纳粹，又仇视社会主义和共产主义，他把共产主义视作洪水猛兽。从战争一开始，他就希望苏德之间能互相厮杀，使其两败俱伤，由他坐收渔翁之利。因此，丘吉尔强烈希望苏德尽快开战。但当时英国面临的最大危险和现实敌人是德意法西斯，而不是苏联。所以，丘吉尔在得悉德意军队已经开始进攻苏联的确切消息后，如释重负，并于当天发表了一篇颇得世界舆论好评的支持俄国的声明。

7月12日，苏英两国政府签订了对德战争采取共同行动的协定。

然而，丘吉尔却迟迟不采取具体行动。

1941、1942年，是苏联红军和希特勒军队殊死相拼的两年。尽管在1942年苏联基本遏制住了希特勒的『闪电』进攻，但在苏德战场上，苏联红军承受着400多万装备精良的法西斯军队的进攻。为此，苏联红军多次向英、美两国提出了在法国北部开辟第二战场，借以牵制法西斯军队，减轻苏联战场压力的方案。这个方案，美国总统罗斯福是同意的，并派陆军总参谋长马歇尔将军前往伦敦同英方会商，可丘吉尔支吾搪塞，持消极态度，借口条件不成熟而故意

拖延。

其实，丘吉尔的意图十分明显，就是尽可能地借希特勒之手来打击社会主义苏联的力量。正像希腊记者L·杰烈比在他的《丘吉尔秘密》一书中写的那样：『丘吉尔希望苏联在战争中流血牺牲，希望在胜利时苏联已完全精疲力尽，无法在欧洲和世界起首要作用……丘吉尔企图通过战争削弱苏联，他希望俄国人孤立地同德国人斗，这样，不论战争的结局如何，双方都将财尽力竭。』

正因为有此想法，丘吉尔顽固地拒绝斯大林关于在欧洲开辟第二战场的建议。

为了敦促丘吉尔及早开辟第二战场，一方面减轻苏联的压力，一方面尽快缩短第二次世界大战的进程，1942年5月，斯大林派外交部长莫洛托夫访问伦敦，督促丘吉尔尽快行动，但依然未果。

正直、善良的英国人民却与丘吉尔的想法相反，他们希望自己的国家诚挚地履行对苏联的盟国义务。英国的进步党派和爱国人士，积极要求英政府履行开辟第二战场的诺言，许多城市为此举行了无数次的游行和集会。

慑于国内外的双重压力，1942年7月，丘吉尔和罗斯福单独进行了会谈。在丘吉尔的鼓动下，英、美决定1942年不在欧洲登陆，而是进入北非，让苏联继续同希特勒厮杀。同时，丘吉尔还通知本国的有关部门，停止第二战场的准备工作，并必须做好准备，如果一旦苏军突破希特勒防线，我们（指英军）应当毫无迟延地离开大陆。

丘吉尔坐山观『虎』斗又过了一年。

1942年开始，苏联的卫国战争已经度过最困难的阶段，特别是到了夏、秋两季，苏军的攻势节节胜利，正是在这样的形势下，1943年11月28日，斯大林、罗斯福、丘吉尔三位世人关注的『三巨头』在德黑兰的苏联大使馆召开了一次非常重要的会议，这就是后来历史学家们大书特书的『德黑兰会议』。

苏联驻德黑兰大使馆。石头砌成的围墙内，几幢浅褐色的砖房稀稀疏疏地坐落在庭院的绿荫深处，显得十分寂静、幽雅。

下午4时，会议一开始，丘吉尔就向斯大林解释为什么迟迟没有开辟第二战场。他说：『莫洛托夫先生到伦敦时，我曾告诉他，我们正制订在法国牵制敌人的计划……英美两国正准备1943年进行一次规模很大的军事行动……我充分了解，这个计划在1942年对于俄国是毫无帮助的……』

从丘吉尔一说话，斯大林就阴沉着脸一声不吭，任凭丘吉尔在那儿喋喋不休地为自己开脱、解释。后来，斯大林实在是忍不住了，他直截了当地质问道：

『据我了解，你们是不能用大量的兵力来开辟第二战场，甚至也不愿用6个师登陆了？』

丘吉尔支支吾吾地回答说：『的确如此。』可接着又解释说：『我们能用6个师登陆，但这样的登陆其实无益，因为它会大大妨碍明年计划实行的巨大战役，战争就是战争，不是开玩笑，如果惹起对任何人都没有好处的灾难，那就太愚蠢了。』

『非常对不起，我的战争观与阁下不同。』斯大林瞪大了眼睛，厉声说道：『不准备冒险，就不能获得胜利，为什么你们这样害怕德军呢？我真不明白。』

斯大林与丘吉尔争执起来。

两个人争得面红耳赤时，会议厅内出现了令人尴尬、窒息的沉默，气氛相当紧张。后来，斯大林拿过他的弯形烟斗，慢慢地塞上烟点燃后抽了一大口，再次强调说：『假如你们今年不能在法国登陆，我也无权强求，但我必须说，苏联政府不同意英国首相的论点！』

面对斯大林咄咄逼人的攻势，丘吉尔满脸愠色，垂头丧气地抽着他的大雪茄，并吐出了团团白烟。这次会议尽管取得了其他一些成果，但关于第二战场问题争执到最后，丘吉尔权衡再三，才勉强同意于第二年五六月份实施在法国的登陆，开辟第二战场。

1944年6月6日，盟军庞大的部队终于渡过英吉利海峡，在法国的诺曼底登陆，开始对德国的进攻。

从斯大林提出开辟第二战场到盟军终于在诺曼底登陆，经过了漫长的两年，而这两年正是苏联最危险、最困难的时候。在反对希特勒法西斯的伟大的卫国战争中，2000多万苏联人死在了德意法西斯军队的铁蹄之下！

如果丘吉尔不采取隔岸观火、坐山观『虎』斗的策略，及早开辟欧洲第二战场，不但可以大大缩短第二次世界大战的进程，甚至可以挽救千千万万人的生命。

洞若观火相机动

第二次世界大战爆发后，由于美国远离欧亚大陆，特别是纳粹德国和日本军国主义还没完成对美国宣战的准备，因此，美国社会还没有感受到战争的威胁，仍保持着暂时繁荣与和平。因而，美国社会上上下下都被孤立主义情绪所支配。尽管德国法西斯在欧洲大陆为所欲为，横扫千军如卷席，势单力薄的英国处于孤立无援、风雨飘摇之中，英国首相丘吉尔频频向罗斯福发出告急讯息；整个世界也将陷入战争的苦海。但是面对整个美国社会对战争的冷漠态度，以致当美国政府稍稍对战争表现出一种关注时，都会遭到官僚机构和公众的强烈批评。在这种情况下，罗斯福总统虽想介入战争，但又无力行动。在竞选第四次总统连任期间，罗斯福被迫采取守势，把和平作为压倒一切的主题，而把他的一切积极行动，如重整军备、支援英国、美洲半球的团结联合，都宣称是为了防止美国被卷入战争而采取的手段。

作为一个伟大的总统，罗斯福对这次德意日法西斯国家发动的人类历史上空前规模的世界战争有着较高清醒的认识，密切注视着战争形势的发展。但他知道，在美国当时的情况下，要采取一些大的措施是根本不可能的。必须要静观时变，以便相机而动。

罗斯福一面等待有利时机，一面做一些必要的反法西斯工作。1940年的最后几个星期，罗斯福谨慎地制定出作为租借法案基础的政策，经过艰苦的努力，美国国会通过了租借法案。根据租借法，国会授权总统，在他认为哪个国家的国防对美国的安全来说是必要的，就有权将武器装备租借给该国。有了这一依据，对丘吉尔的求援要求，罗斯福可

以有某种程度的表示和采取一定行动了。但对整个战局，罗斯福此时只能以政治家的远见和谋略默默地等待时机，而不能去正视它。

1941年6月22日，纳粹德国突然进攻俄国的消息像强烈地震把美国人从麻木的状态下惊醒，许多美国人一时陷入进退两难的境地，但是罗斯福清楚地知道该怎么办，他并不感到进退两难。面对一些人反对苏联社会主义的情绪，罗斯福说，他认为俄国式的独裁和德国式的独裁都同样需要加以谴责，但有一点必须澄清，即目前对美国造成直接威胁的是德国。因此，罗斯福催促赶快秘密给俄国送去支援物资，并采取措施，事先防止有人对这种援助进行有组织地反对。

但是，由于德国没有直接对美国采取行动，因而也没有造成罗斯福说服美国人参战的『时机』。然而，在罗斯福的等待和祈盼下，时机终于来了。

1941年12月7日，日本未经宣战就对美国在太平洋地区的主要海军基地珍珠港实施了突然袭击。这天正好是星期日，美国太平洋舰队除了航空母舰出港外，其余舰队包括8艘列舰、9艘巡洋舰、20艘驱逐舰、5艘潜水艇、1艘靶舰、48艘其他战斗舰（船）和补助船只，像往常一样，整齐地停泊在珍珠港中心的福特岛周围。整个基地呈现出一片假日景象。

7时55分，基地升旗号号音未落，日本突击机群第一攻击波183架飞机从四面八方飞临珍珠港上空。刹那间，炸弹像倾盆大雨般地落在岛上，岛上的7个机场，港内的大部分舰船和基地主要军事设施，同时遭到猛烈袭击，95分钟的袭

击使美军损失惨重。

日本偷袭珍珠港的消息传出后，美国国内陷入一片混乱中，人们指责政府，埋怨军方的无能，公众却不检讨自己：当德、意、日把整个世界都推入战争的火海时，却要求美国政府奉行隔岸观火、苟且偷生的孤立主义。日本偷袭珍珠港，打破了美国人偏安孤立的幻想。

这一事件，不但粉碎了美国舰队，也打破了罗斯福战争政策的僵局。为罗斯福实施自己的计划提供了机会，标志了罗斯福、美国政府观火状态的结束。因此，罗斯福紧紧抓住了这一机会，他反复对他的顾问、同僚讲，『我们已经被卷进去了』。第二天他神情严肃地参加国会两院的联席会议时，要求国会宣布全国处于战争状态，他在演讲中突出的就是一句话：『战争状态已经存在』。

一位阁员在走出总统办公室时对另一位阁员说：『我想老板如释重负，感到比他这几个星期以来更加轻松。』是的，罗斯福关注形势已经很久了，决心也已经下定许久了，他等的就是这个时刻的到来。当时一位密切注视形势发展的观察家说：罗斯福『表现了掌握和控制十分紧急的事态的高超才干，这是一位政治家最难得可贵的特点。』

利用这一时机，罗斯福的主张获得了全民一致的支持，现在他可以公开地、光明正大地，而不需掩掩盖盖地调动全社会来维护一个共同目标——如何打败法西斯，争取世界真正的和平。

第十计　笑里藏刀

信而安之，阴以图之；备而后动，勿使有变。刚中柔外[①]也。

兵书云：『辞卑而益备者，进也；……无约而请和者，谋也。』故凡敌人之巧言令色[②]，皆杀机[③]之外露也。

宋曹玮[④]知渭州[⑤]，号令明肃，西夏[⑥]人惮之。一日玮方对客弈棋，会有叛卒数千，亡奔夏境。堠骑[⑦]报至，诸将相顾失色，公言笑如平时。徐谓骑曰：『吾命也，汝勿显言。』西夏人闻之，以为袭己，尽杀之。此临机应变之用也。若勾践之事夫差，则竟使其久而安之矣。

注释

①刚中柔外：即外柔内刚之意，表面上柔顺和悦，内心里却刚强不屈。②巧言令色：巧言，说得好听；令色，讨好的表情。花言巧语，讨好于人。③杀机：杀人的动向。引申为战争迹象。④曹玮：宋朝大将曹彬之子，有勇谋、善用兵。⑤渭州：治所名。北宋时辖地广，相当今甘肃之平凉、华亭、崇信及宁夏之泾源等地。⑥西夏：古国名，党项族所建，1038年李元昊定都兴庆（今银川东南），史称西夏。后为蒙古所灭。⑦堠骑：堠，古代用来侦察的土堡。堠骑：骑马的侦察兵。

译文

取得敌人的相信，并使其麻痹松懈，却在暗中策划谋取他们。做好充分准备，而后动手，使敌人来不及应变。这就是表面上和好，内心却藏有杀机的谋略。

（按语）兵书写道：『表面上谦卑而实际上加紧战备的定是要图谋进攻；……没有具体条约而请求讲和的，定是另有阴谋。』所以，凡是敌人花言巧语讨好于我，都是要消灭我方企图的显露。

宋朝时，曹玮做渭州的知州，号令严明，西夏人很惧怕他。有一天，曹玮正和客人下棋，正好有几千名士兵叛变，逃往西夏。当侦察的骑兵回来报告的时候，许多将官你看我，我看你，惊恐失色，而曹玮却像平时一样谈笑自如。而后慢慢地告诉骑兵说：『这是我的命令，你们不要声张出去。』西夏人听说后，以为是被派来袭击他们的，就把他们全杀了。这就是临机应变谋略的运用。像春秋时勾践侍奉吴王夫差，竟使夫差相信了他并麻痹大意，放松警惕，一心贪图安逸，终于被消灭了。

经典事例

李林甫口蜜腹剑

李林甫是唐玄宗（明皇）做皇帝时有名的奸臣和阴谋家，他依靠狡诈计谋，攀附权贵，阿谀明皇，打击排斥异己，从开元二十二年（734年）五月至天宝十一年（752年）十一月，霸居宰相职十九年，是玄宗时期在位最长的一位

相臣，在位期间，因无德无才，别无建树，倒是被朝臣异口同声地公认他『甘言如蜜，肚里铸剑。』后世『口蜜腹剑』一语，即由此得来。

李林甫小名哥奴，出身唐宗室，算起来还算是唐明皇李隆基的远房叔父。他因不善学业未能入仕登科，起初做一个太子府里的千牛直长，但他很会巴结钻营，厚颜无耻地投靠。如攀附御史中丞宇文融、唐玄宗的哥哥宁王李宁、私通武三思女婿侍中裴光廷的夫人、贿赂玄宗宠妃武惠妃，交好大宦官高力士等人，由此他官升刑部尚书、吏部尚书、礼部尚书，最后终于当上中书令兼集贤殿大学士，爬上了大唐的相位。从他掌权开始，凡是被皇帝器重的人，或者自己睁眼看不上的人，或视为异己政敌的对手，他一定施百计倾轧出朝，而且李林甫打击别人还有一大绝招，就是『阳与之善，啖以甘言而阴陷之』，就是说他要陷害一个人，表面上总是装作亲热的样子，用甜言蜜语引诱别人说出自己的过失，然后背过身子私下密告，驱除对方。例如他排挤打击严挺之、卢绚、李适之等人，就是典型的事例。

严挺之是朝廷中一个正直官僚，曾任中书侍郎，因为李林甫推荐的户部侍郎萧炅腹中空空，读文时把『伏腊』居然念成『伏猎』，严挺之告诉了宰相张九龄，说大唐朝廷怎能有『伏猎侍郎』，因而萧炅被降为岐州刺史。李林甫本身不学无术，最忌文人学士炫才，当他知道是严挺之从中活动之后，由此衔怨，加上当时张九龄推荐严挺之为相，要严交通李林甫，严挺之以李林甫为鄙薄少德之人，拒绝登李门拜访。李林甫知道后，更加痛恨，于是趁着严挺之有一次为其前妻的丈夫下狱辩护的时机，以莫须有罪名密告玄宗，结果严挺之被贬职削官，远徙外地。天宝元年的一天，

唐明皇突然想起了朝中处事果断的干才严挺之，就问李林甫：『严挺之现今在哪里？他是个人才，可以重用。』李林甫一看玄宗要用政敌严挺之，虽知其正在绛州刺史任上，但故意不说。下朝后他把严挺之的弟弟严损之请到府中，装出非常亲密关心的模样，与损之促膝谈心，叙说旧情，说要引荐损之为员外郎。又以关心其兄弟的口吻对他说：『皇上很惦念尊兄，可惜他远离天颜。尊兄为什么不趁机奏称有风疾，奏请皇上准予回京治病，这样就可以见到皇上，能得重用了。』严损之听信了李林甫的话，回家后给家兄写信，告诉京中近况。严挺之不辨真假，没有慎重考虑，果然上表朝廷，推说自己有病，想回京就医。李林甫接到奏表，赶紧奏告明皇：『严挺之已年老体衰，得了风疾，不能理事，可以让他做一闲官，就近治疗养病。』明皇见到严挺之的亲写奏表，只好感叹可惜。天宝元年四月，晋升严挺之为太子詹事，员外同正，安居洛阳养病。李林甫的暗算，既使明皇重用严挺之一事落空，又驱除了朝中与己有隙的政敌。

兵部尚书卢绚伟岸英俊，风度翩翩，一日走过勤政楼下，被楼上观看歌舞的唐明皇望见，赞叹其风流蕴藉，目送至远。李林甫从亲信处得知明皇喜爱卢绚，就嫉妒卢才表过人，害怕他被重用，危及自己之位，赶紧把卢绚的儿子找来，对他说：『现在交州、广州需要人才，令尊尊崇清静，皇上想以令尊外出居官，不知你们愿不愿意去，如果害怕远行，可能要被降职。』卢绚在朝居高位，一家安居繁华的长安城内，当然不愿意远行广州。李林甫也拿算好卢绚一家的心理，所以接着又说：『这样吧，我可以给你们帮个忙，让令尊到洛阳去任太子詹事或太子宾客，两个都是肥缺，愿意吗？』卢绚畏惧李林甫的权势，既担心降职，又不愿意出京都，于是上朝请求做宾客虚事。李林甫考虑卢绚无缘无故被降职，招人耳目非议，先任卢绚为华州刺史，卢到任未及月余，李林甫就在朝中诬称他有疾病，不能处理华州繁杂政务，又改任他为太子詹事，员外同正。这是一个编外闲差，实际上等于挂职休闲。

户部尚书裴宽勤于政事，一度被唐明皇器重，他又和另一宰相李适之要好。李林甫不愿他被提升为丞相，就想排挤他。一次，刑部尚书裴敦复因平叛海盗，返师回朝，因受人请托，乱报军功。裴宽知道后，向明皇提到此事，但没有深讲。李林甫暗地里把裴宽奏告皇上事告诉裴敦复，敦复说『尚书也曾托我请功家属』，李林甫便鼓动裴敦复上报明皇，密告裴宽。裴敦复听信李林甫之言，以重金贿赂，走了杨贵妃姐姐的门路，请她转告玄宗。不久明皇就贬裴宽为睢阳太守，李林甫借别人之手，不动声色地又除掉了一个潜在对手。

李适之出身皇室，居官时赈济灾民，体恤百姓，卓有政绩，为人正直亦宽怀大度。天宝元年八月，一意迎奉李林甫的庸相牛仙客病死，唐明皇任命李适之为副相，和李林甫共同理政。李林甫有心排斥李适之，一次他假惺惺地对李适之说：『华山有金矿，如能开采，可以富国，皇上对此事还不知道呢？』李适之初次入相，对李林甫本质认识不清，以为李林甫所说得有理，很快奏明玄宗，玄宗非常高兴，便去问李林甫，李林甫故意说道：『这个情况我早就清楚，但华山是皇上的本命，王气所在，有金矿也不能开采，所以我一直没有报告呢！』唐玄宗听李林甫这样一说，对李适之开始看轻，斥责李适之『今后奏事，要先跟李林甫商量，不要这么轻率。』李适之当时还兼兵部尚书一职，驸马张垍与李林甫有矛盾，张垍的哥哥张均时任兵部侍郎，李林甫为了扳倒李适之和张均，密遣心腹诬告兵部铨选官吏时有舞弊现象，结果六十多人被告发受刑讯，李林甫任用酷吏吉温，先用严刑拷打，重狱示儆硬是以威逼供，锻炼成狱，许多人因此被免官革职。李林甫因为要打击李适之，凡是朝中与适之亲密往来的官吏，如户部尚书裴宽、刑部尚书韦坚、京兆尹韩朝宗等，都被李林甫诬陷治罪。到了天宝五年四月，李适之被逼辞职。他的儿子邀请朝官在家聚宴，因为群臣皆怕李林甫，竟然没有一个人敢来李适之家赴宴。后来李适之被李林甫一手制造的韦坚案株连，贬为宜春（今江西境内）太守。天宝六年正月，李林甫另一位心腹酷吏罗希奭到各个贬地巡视，李适之听说后害怕遭受酷刑，饮药自杀。

李林甫还善于利用当面一套，背后一套，讨好和欺骗唐明皇，以便于自己专权用事。开元二十年左右，李林甫刚当上副宰相，当时张九龄任中书令，裴耀卿任侍中，二人学才博洽，忠良正直，尤其张九龄，好直谏。李林甫认为二人是阻挡自己独掌权柄的障碍，一心想除去，但他知道明里硬碰，自己力量还弱，于是玩弄善身之术，『媚事左右，迎合上意。』对张裴两人客气恭敬，表面说好话，予以称赞。背过二人在玄宗面前，则拨弄是非，迎合玄宗之意，指责张、裴两人的不是。开元二十四年（736年）十月，唐玄宗巡游京都洛阳，原打算次年二月还长安，因为宫中偶发小事，玄宗迷信，想立即返回长安，于是召三位宰相商议，张九龄、裴耀卿两人认为时值三秋农忙，皇上一路返都惊扰沿途官民，影响秋收，建议推迟到冬季返归。李林甫对二相的议论当面不表态、不反对，等到退朝时，他假装腿痛，

独留在后，玄宗问其缘故，他对玄宗说：『臣下非有腿疾，而是希望奏明事情。长安、洛阳都是皇上的两宫，车驾往来东西，何必是等什么时机？如果担心妨碍农事，只要赦免车驾沿途两地的租赋就行了，请让我负责处理此事。』贪图享乐奢侈的玄宗本来就讨厌张、裴两人的谏诤，听了李林甫甜言，自然是极为高兴，立命起驾而行。也就是同年，唐玄宗想把朔方节度使牛仙客升为尚书，张九龄谏议说：『尚书一职一般用旧相补升，或者是任过朝中要员，又有很高人望的人担任，牛仙客由河湟小吏一下升高官，会招来人议。』玄宗又想实封牛仙客，张九龄对李林甫说：『封赏大臣应是名臣大功，委任边地军将很重要，不是马上可以议定的，我俩人要在皇上面前力争。』李林甫当面表态，同意张九龄意见。但是面见玄宗时，只有张九龄一人力谏，李林甫站在旁边一言不发。张九龄走后，他对玄宗说：『牛仙客是做宰相的材料，何况一尚书，张九龄是书呆子，不识大体。』退朝后他又把张九龄的话泄露给别人，导致牛仙客到玄宗面前泣诉。玄宗心动，拟马上赐封，张九龄又上朝劝谏，用道理说得玄宗无话可辩，李林甫见状，私下讨好玄宗：『天子用人有什么不可以行的。』玄宗称赞李林甫不专断用事，由此以后，逐渐冷淡张、裴两相，过了月余，就把二人罢免，以李林甫为正相、牛仙客为副相，牛居相位后，一切惟李林甫所言是从，朝廷权柄实操李一人之手。

我们从以上所举史实，可以清楚看出，李林甫作为一个阴谋家，为达到专权用事目的，熟练玩弄笑里藏刀计谋，表面上予人温柔恭顺形象，好像可亲可近，实际上暗藏杀机，在其笑面背后，下设悬崖陷阱，人们无以测深浅，一旦为其迷惑上当，不死即伤。李林甫靠此术逐步排斥异己，张九龄、李适之等贤才忠良，一一被贬逐杀害，在他的专断

跋扈下，加上唐玄宗自己的昏庸放纵，唐初比较清明的朝政风气，为之一变，正是在此时候，埋下了后来安史之乱爆发的祸根。

杨廷和铲除恶贼

明武宗死后，大学士杨廷和主持政务，也用此法，削去一些作恶的宠臣，稳定了明朝江山。

当时，朝廷大事全由大学士杨廷和一人主持。他入禀太后，请改革弊政。太后一一照允。

这时，武宗宠臣兵马提督江彬，正忙于改组团营，无暇入宫，武宗死讯，尚未得闻。忽然接到遣散团营边兵的遗诏，不觉心中大惊，急忙和心腹商议对策。都督李琮进言道：『宫中办事如此诡秘，是对我等产生了疑心，如今皇上已驾崩，为长远之计，不如速图大事，有幸成功，富贵无比，万一不成，也可北走塞外。』听了李琮的话，江彬感到事关重大，犹豫不决，即请来安边伯许泰商议。许泰也心存犹疑，他对江彬说：『杨廷和敢罢团营，遣边兵，想必是有了充分准备，应慎重为妙。』江彬左思右想，拿不定主意，便请许泰入阁探听一下消息，再作打算。

许泰告辞出来，即赴内阁，刚巧碰上杨廷和，寒暄过后，杨廷和知道了许泰的来意，便面带微笑，不慌不忙地对许泰说：『许伯爵来了甚好，我等因大行皇帝仓猝晏驾，诸事忙乱，头绪繁杂，本欲邀请诸公前来协助，偏是遗诏上面写明罢团营，遣边兵，这些事情，都要仰仗江提督妥为解决，所以一时没有奉请，还请见谅。』许泰见杨廷和态度和缓，所讲又颇有道理，遂解除疑虑，对杨廷和说道：『江提督正为此事，令兄弟前来探问，国家重事，打算如何办

呢？』杨廷和当即表示说：『奉太后旨，已派人前往迎立兴献王世子，但严重问题是需些时日，现在国务倥偬，如果可能的话，一同前来商议机宜，我同内阁诸臣翘首以待。』许泰听了杨廷和这一番话，不觉心中欢喜，欣然允诺，告别而去。

许泰一走，杨廷和立即招人入密室，杨廷和把与许泰的一番谈话，述说一遍，然后问道：『现今大患未除，你们说该怎么办？』魏彬从一边问道：『你所说的大患，莫非是指水木旁么？』杨廷和还没来得及开口，张永即接道：『何不速诛此恶？』杨廷和见大家意向一致，方才说出已邀江彬等人入宫，届时伺机捕拿。众人俱表示赞同。魏彬急速入宫密禀太后，太后当即允议。

许泰自内阁出来，复往见江彬。江彬闻此，心情安舒，不复他想。过了一日，江彬带着卫士数人，前往大门。有人已先在门外等待。见江彬一行到来，即上前道：『坤宁宫正届落成，今安置屋脊兽吻，昨奉太后懿旨，简派人员及工部致祭，江公来的正是时候。』同时，奉出太后旨，令提督江彬，前往恭行祭典。江彬满心欢喜，忙换了衣服，入宫致祭。祭毕出来，又遇到张永，张永格外亲热邀他宴饮。江彬见无法推辞，便随他入席，酒过数巡，忽然外面传报有太后旨到。张永、江彬等人忙接懿旨，旨中着即逮江彬下狱。这时，江彬才觉出大事不好，回顾左右已无一个亲信在场。他在慌乱中，推案而起，跑到院中，跨马而去。驰至西安门，门已关闭；再行北安门，城上守将大呼：『有旨留提督。』江彬急叱道：『今日何从得旨！』一语未了，守城众兵已一拥而上，将他捆绑起来。接着，许泰、李琮等

人也先后被逮。当李琮见到江彬时，不禁叱骂道：『奴才，早听我言，岂为他人擒拿！』

明武宗死后的一段时间里，杨廷和主持朝政，他在朝政不稳，危机四伏的形势下，笑里藏刀，暗中策划除掉武宗宠臣江彬，江彬放松了戒备，贸然前往宫中，无异于自投罗网，落得身败名裂的下场。

假意逢迎诛东王

韦昌辉是晚清爆发的太平天国农民起义首义领袖之一。他家居广西桂平县赐谷村，因为客家人氏，经常遭到当地地主豪绅的排挤打击。韦昌辉也参加过科举考试，只因官府黑暗，他虽然成绩优良，无奈官场上没有靠山，结果名落孙山，使他对清政府充满怨恨，他不甘心被官府劣绅欺压，当洪秀全、冯云山到桂平传授拜上帝教，宣传反清斩妖思想时，他倾其家产，全家加入了太平军，到了1851年，洪秀全正是在他族居的金田村，宣布团营反清，开始了一场轰轰烈烈的太平天国农民起义。

韦昌辉因为首义有功，在太平天国队伍中，一开始就居领导地位。1851年3月，洪秀全在广西武宣东乡称天王时，封他为右军主将、副军师。9月永安建制时，韦昌辉封为北王。在太平天国由广西打到南京的过程中，他率军奋战，屡立战功。1853年3月，太平军占领南京，改称天京，作为太平天国政权的首都，这样中国出现了两个针锋相对的对峙政权。韦昌辉入都后，开府授官，到了1856年，太平天国义军经过几年的北伐西征，在战场上节节取胜，天国政权取得鼎盛，但就在这个时候，天京爆发了太平天国起义领袖的互相残杀，主持太平天国军政实务的东王杨秀清及其几万部下，被韦昌辉屠杀殆尽。

韦昌辉与东王杨秀清相残的原因是两人矛盾的尖锐化以及天王洪秀全的暗中鼓励。而韦昌辉之所以取得诛杨成功，则得力于他的笑里藏刀计谋的运用。

杨秀清是太平天国实际的领导者，从金田起义开始，直到定都天京，军事主要仰赖他的天才军事指挥和正确的政治谋略，定都天京后，北伐西征，都是在他一手策划之下。他行政上仅居天王洪秀全一人之下，韦昌辉等诸王皆受其节制领导。在宗教上，他是天父的代言人，又居洪秀全之上。杨秀清军、权、教三权在握，到了天京后，在起义军捷报频传的情况下，逐渐变得跋扈起来，他自恃功高，专权独断，按照太平天国的规定，军国大事本应由杨秀清、韦昌辉和翼王石达开三人共议施行，但杨威风张扬，不知自忌，常常压制韦昌辉、石达开，韦昌辉对杨秀清的跋扈，心中十分不满，但他畏惧杨秀清在太平天国的至高威势，于是采取阳下阴夺的办法，表面上对杨极力谄媚，私下里联络反杨力量，想夺权诛杨。

韦昌辉心中计定，以后凡军国大事，只要是杨秀清主意，他都是点头同意，每次见东王舆轿到府，他一定出门扶轿相迎，众人议事时，韦昌辉只要杨秀清刚说了三四句话，他就跪下向杨叩谢，说：『不是四兄的教导，小弟肚肠嫩，哪知道有这些的道理。』肚肠嫩是广西浔州方言，意即学问浅。韦昌辉一口一个兄长，贬己褒杨，口称自己眼界有限，称颂杨秀清料事如神。

杨秀清自己恃功自矜，他的亲戚故旧也在他的纵容下，跋扈专横。一次，杨秀清一位小妾的兄长，看中了天京城内一处府院，就想占为己有。这个院落早已住上韦昌辉的哥哥一家，他不知道要占房者是谁，依仗朝中有弟弟韦昌辉在做官，不买来者的账，坚决不予让房，结果这位小妾兄长，转而向妹妹诉苦，小妾又在杨秀清面前吹枕边风。杨秀清身为天国主持者，不从大局出发，为区区小事找到韦昌辉，训斥北王，并责令他立即处置此事，韦昌辉害怕此事处理不当会引起杨秀清的不满，为了向杨秀清讨好示诚，竟然下令把自己的亲哥哥在京城五马分尸。

韦昌辉的伪饰面孔，使杨秀清暂时放松了他的警惕。趁此机会，韦昌辉加紧夺权的准备。他看到天王洪秀全与杨秀清矛盾也逐渐尖锐，于是又极力谄洪而联洪，想扩大自己的反击力量，借洪秀全天王之势，牵制杨秀清。杨秀清也是个人权力欲膨胀过度，不知君主之本性，他三番五次利用自己是天父代言人身份，利用宗教上自己的权威地位，经常杖责洪秀全。韦昌辉自己在处理军政事务时，曾常常受杨杖责，1954年4月，他命令承宣张子朋出师湖南湘潭，因封船一事处置不当，激变太平军的水营，杨秀清为此以天父附体仗打韦昌辉数百，他受刑伤重，身子都不能动弹。韦昌辉尝够了杨的苛责，但见到极秀清要杖责洪秀全时，他总是跪地请求，愿意自己代天王受仗。为此，洪秀全认为韦昌辉是一位『爱兄心诚』的心腹贤弟，所以当1856年8月，杨秀清再次以天父附体下凡名义，逼洪秀全封杨为万岁的时候，洪秀全立即密诏在江西领兵与清军作战的韦昌辉，要其回京图杨。

韦昌辉在前线接到洪秀全的密诏，一看是要诛杀杨秀清，大喜过望，匆匆把战事交给部将，自己和顶天侯秦日

纲连夜率心腹部队三千人，9月1日赶到天京，当天深夜，韦昌辉指挥手下，把东王府包围得水泄不通。凌晨，乘着东王府酣睡之中毫无防备，把杨秀清及其妻室老幼、侍从部属4000人一齐杀死。韦昌辉为防止东王部下复仇，又利用洪秀全责备韦、秦且让其受审一事，广召东王部下前往天王府前观看，暗中却埋伏士兵，乘东王属下放松戒备，一齐包围，不管男女老幼，求饶与否，皆『芟除净尽』，一次被杀者又增5000多人。随后，韦昌辉一不做、二不休，干脆关闭天京城门，在全城搜捕东王部下，屠杀前后持续一个多月，遭杀者2万之多，韦昌辉经此屠杀后，独揽天朝军政、大权。

第十一计　李代桃僵①

原文

势必有损，损阴以益阳②。

按语

我敌之情，各有长短，战争之事，难得全胜，而胜负之决，即在长短之相较；而长短之相较，乃有以短胜长之秘诀。如以下驷敌上驷，以上驷敌中驷，以中驷敌下驷之类，则诚兵家独具之诡谋，非常理之可推测者也。

注释

①李代桃僵：僵，僵死，枯萎。原意是指代人受过。出自《乐府诗集·鸡鸣篇》：『桃生露井上，李树生桃旁。虫来啮桃根，李树代桃僵。树木自相代，兄弟还相忘？』军事上用『李代桃僵』作计名，是指牺牲自己兄弟部队，来换取战争的胜利。也即以小的代价换取大的胜利。②损阴以益阳：阴，指小的，局部；阳，指大的，全局。损失一部分，保全大局。即牺牲一部分人或损失一部分地盘来增强全军的主动性，取得战争的胜利。

译文

当战局发展必然要有所损失时，要设法用尽可能小的损失换取全局大的胜利。这就是损卦原理的演用。

（按语）敌我双方的情况互有长短。在战争过程中，想取得全胜是很难做到的。而谁胜谁负的关键，取决于双方

长处和短处的较量。在长处和短处的较量中，还有以短处胜长处的巧妙方法。

比如战国时，田忌用自己的下等马对付人家的上等马，以上等马对付中等马，用中等马对付下等马，二胜一负。这种例子，确实是军事家独具一格的阴谋诡计，并不是用普通道理可以推测到的。

经典事例

赵忠出告反遭殃

东汉从汉和帝开始，内廷宦官在支持皇帝反对专权的外戚斗争中，壮大了自己的势力，逐渐形成了一个强大的政治集团。他们同外戚一样，把持朝政，甚至随意废立皇帝。例如汉顺帝刘保，就是在孙程等19个宦官一手扶持下，iïgo消灭专权的外戚阎显势力，坐上了皇帝宝座。而孙程等19人，由此封侯加赏，其侯爵在死后还可以被养子承袭，说明宦官的权力已不仅仅限于掖庭之内，变成了手执王爵，口含天宪，人近天颜，位高操权的政治人物。到了汉灵帝时，宦官势力已成为东汉朝廷内外公认的势焰灼人的政治集团，反对宦官政权的李膺、陈蕃等官僚文人，遭到宦官曹节、王甫等人致命打击，陈蕃、窦武被杀，李膺、范滂也被害死，党人死了数百，株连涉案有六七百，京城的太学游士被捕拿者有1000余人，宦官进一步在朝廷得势。党人的门生故吏、父子兄弟在位者都被免官，而且今后禁锢不用，但宦官的父兄子弟为官者遍布天下州县。

汉灵帝在台时，宦官集团的核心领导力量是灵帝宠信的中堂侍等人，即张让、赵忠、夏恽、郭胜、毕岚、段珪、

孙璋、栗嵩、张恭、高望、韩偍、宋典等12个太监，因取其大数，故称十常侍，中常侍是东汉宦官职位中品级最高、权力最大的一职，俸禄二千，整日侍从皇帝左右，传达皇帝口谕，阅览外廷尚书呈进的奏折文书，是皇帝与外廷朝官交流的极重要中介环节。张让他们利用汉灵帝年少幼稚和荒唐昏聩的弱点，假传圣旨，陷害异己忠良，导诱灵帝公开卖官鬻爵，大肆搜刮民财，盘剥百姓。他们不仅向百姓勒索暴敛，还以助军费、修宫殿名义，公开要各地官吏捐钱献物，不捐者不得上任。宦官们则趁此大饱私囊，建造起富比宫阙的府第，过上了奢华荒淫王侯般的生活。在这些为乱天下的宦官之中，张让、赵忠是其首领，汉灵帝公开对人说：『张常侍是我爹，赵常侍是我娘。』对两人的信任超过了外朝官僚。中平二年（185年）六月，张让、赵忠等12人被封为列侯。车骑大将军皇甫嵩征讨张角黄巾军起义，路过邺城时，看到赵忠府第，金碧辉煌，超过了朝廷规定的规格，曾上奏灵帝要求予以没收。赵忠见折，立即同张让一道至灵帝前诬告，说皇甫嵩久战无功，浪费国家资财无数。灵帝言听计从，立即召皇甫嵩回洛阳，收回封赐的左车骑将军的印信绶带，还削其封邑为六千户。中平三年（186年），汉灵帝提拔赵忠为车骑将军，让他执掌领兵大权。灵帝还让赵忠评定朝廷官员在镇压黄巾起义中的功劳，以便灵帝论赏。执金香甄举推荐傅燮，说他镇压张角起义立下大功，尚未被封侯，如能举荐，将会顺乎民心。于是赵忠派其弟弟城门核尉赵延去找傅燮，赵延说：『只要你稍稍交结我哥哥中常侍赵忠，封万户侯不在话下。』傅燮为人耿正，不愿意交结宦官，厉声对赵延说：『立功无赏，是我的命不好，我怎能乞求私人的恩赏！』赵忠知道此事后，对傅燮由怨生愤，只是顾虑到傅燮名望太大，不好公开加害，不

久以汉阳太守一职，把他打发出京城。

中平六年（189年），汉灵帝病死在洛阳嘉德殿，14岁的刘辩即位，改元光熹，史称少帝，封渤海王刘协为渤海王，朝政大权落到了何太后和大将军何进手中。外戚势力的入朝秉政，对于张让、赵忠为首的宦官集团造成了极大的威胁，一场你死我活的宫廷斗争由此而生，正是在此过程中，赵忠巧施李代桃僵之计，出卖同类蹇硕，玩弄了一场舍乙保甲的权力游戏。

原来蹇硕也是汉灵帝器重的宦官之一。中平五年八月，汉灵帝设置西园八校尉，以小黄门蹇硕为上军校尉，典领京城禁军。袁绍为中军校尉，鲍鸿为下军校尉，曹操为典军校尉，赵融为助军左校尉，冯芳为助军右校尉，夏牟为左校尉，淳于琼为右校尉；黄巾起事之后，灵帝很注意军事，蹇硕身体强壮，通晓军事，为灵帝所欣赏，虽然他是个宦官，却委任他禁军统帅之职，连大将军何进也要受他辖领指挥。何进因妹妹何皇后关系，位进大将军，在黄巾起义爆发后，领左右羽林军和五校尉，负责京城洛阳的防卫。蹇硕的上任，不仅分其权，还要听从一个宦官的指挥，自然心中不服。加上灵帝临终之前，把自己同王氏所生的儿子刘协托付给蹇硕，蹇硕临终顾命，就想立刘协为帝，他借口召何进进宫议事，想杀死何进。哪知何进入宫时被人示警，及时逃回军营，并与何皇后商量，立了刘辩为皇帝。刘辩上台时是个14岁的娃娃，何皇后以太后之名临朝听政，何进以大将军录尚书事辅政，何进的兄弟何苗等人皆手操兵政大权。何进上台秉政后，听从袁绍等人的劝说、鼓动，一方面想打击宦官，巩固何氏外戚在朝中的地位。另一方面，还

想利用东汉中期以来，宦官专权，屡兴党锢之祸，招致天下共怨的情势，尽杀人人痛恨的宦官，以垂名后世，贪功邀名。所以何进决定向宦官动手，并把杀死蹇硕报仇雪恨作为紧要重点。

蹇硕也感受到形势的危急，私下里也运筹图谋何氏外戚。他写信给赵忠等人，要求联手杀何进。信上说：『现在大将军何进兄弟控制了朝廷，要与党人官僚共谋，把我们这些灵帝身边的亲信，扫除杀尽，只是因为我仍辖领着禁军，才暂且未动。我们应当一齐动手，关闭宫门，赶快把何进兄弟捕获处死。』

赵忠接到蹇硕的信，思虑良久。蹇硕信上所讲的，都是现今实情，但赵忠心里明白，自从少帝上台后，何氏外戚势力已经占据朝廷绝对优势，不仅为天下豪杰所推戴的大豪强袁绍、袁术兄弟拜在何进门下，另外不少社会名流、文人谋士如荀攸、何颙、郑泰等人都为其所用，在此情况下，轻易出击，并无胜算。何况少帝非同灵帝，何皇后身为母后，对少帝的影响，要远远超过陪伴他长大的宦官们，灵帝时代的好时光已经一去不复返了，而且宦官作恶多年，天人共怒，何进乘机起势，容易得手。退一步讲，即使何进一时失手，宦官恐怕也难逃被打击的厄运，因此，从自身利益出发，不如暂时缓和与何进的矛盾，平息事态，只要能得到何进的宽容，自己能及时退身，安享晚年，也是幸运的事了。赵忠如此一想，不仅没有答应蹇硕的建议，反而把蹇硕的密信送给何进阅看，揭发蹇硕以邀功。何进阅信后，立即领兵逼宫，令黄门搜捕蹇硕。蹇硕临死，才知同类赵忠出卖自己，虽咬牙切齿，但已无回天之力，旋即被何进处死，做了一个冤死鬼。其所掌禁军，全部为何进接管，何进成了东汉末年手执军、政权柄的真正权臣。

赵忠等人出卖蹇硕，最大的收获是暂缓了何进尽诛宫内宦官的步伐，自己可以苟活于一时，可是并没有改变和打消何进消灭宦官集团的计划。赵忠、张让等人又在何太后面前活动，用重金贿赂何进的母亲舞阳君和何苗，使何太后改变了态度，明确表示不同意诛杀宫内宦官。何进无法，偏信了袁绍的意见，引豪强军阀董卓以及王匡、丁原等人领兵入京，逼太后退位。何太后在大兵临近城门的情况下，勉强同意把掌权的常侍、黄门等宦官赶出宫廷，但十常侍们因有太后母亲舞阳君从中说情，旋被留用，而何进则在中平六年八月，再次进宫劝何太后尽诛宦官时，被张让、段珪等人抢先动手，砍下了脑袋。何进的部下吴匡、张璋与袁术、袁绍，听到何进被杀，害怕宦官势力复起，干脆领兵攻打皇宫，宦官2000多人被乱兵所杀，赵忠逃到朱雀门下，被袁绍捉住，砍成两段。而豪强董卓，乘机领兵入都，由此之后，董卓玩东汉朝廷于股掌之中，成了最大的赢家，而何进、赵忠倒成了刀下之鬼，这是两人当初都未意料到的。

曹节行贿捕陈球

陈球字伯真，下邳淮浦人，出身于名门。其父曾做过广汉太守。陈球从幼时起就涉猎儒家著作，精通法令。在阳嘉年间举孝廉，然后升迁为繁阳令。当时魏郡太守到他所管辖的繁阳县来索贿，陈球没有给他。这位太守非常生气，打了繁阳县的督邮，命令他驱逐陈球。这位督邮不肯，说：『魏郡共有十五个城，只有繁阳政绩突出，今天如果我听从您的命令而驱逐县令，那么，将遭到天下的非议了。』该太守无奈，只得作罢。

汉灵帝熹平六年（177年），陈球升为司空，但因此时发生了地震，这个任命被解除了。改拜陈球为光禄大夫，

重任廷尉、太常职务。汉灵帝光和元年（178年），又升陈球为太尉，数月后发生日食现象，于是又被免去太尉，重被拜为光禄大夫。第二年，任永乐少府之职。这时，陈球秘密地与司徒河间人刘郃商议要铲除害国害民的宦官。

以前，刘郃之兄侍中刘儵，因与大将军窦武共同谋划诛杀宦官，结果，反与窦武等人一同被宦官害死，因这个事件，刘郃与陈球结为好友。因为刘郃犹豫，陈球这个计划迟迟没有付诸行动。于是陈球写信劝刘郃说：『您出身于皇家宗室，又权重朝野，天下百姓都敬重您，希望您能为国家的安宁做出更大贡献，您怎么能因为那些朋党小人没有侵害您的利益就容忍他们呢？现在曹节等人胆大妄为，害国害民，却久在皇上身边。您的兄长刘侍中就是曹节他们害死的。这件事，是永乐太后所深知的。现在您可以上表禀报皇帝调卫尉阳球为司隶校尉，然后，我们就把曹节等人依次收审，诛杀。把这些朋党小人除掉后，才能政令出于圣主，天下太平安宁，一个繁荣兴旺的局面就指日可待了。』又有尚书刘纳曾因正直忤怒宦官，后被贬为步兵校尉，这时也力劝刘郃起来行动。刘郃说：『这班凶煞耳目特别多，恐怕我们的计划还未施行，反倒先受其害。』刘纳说：『您是国家的栋梁，现在国家出现危机，您不出来扶持，那么，要您这个栋梁又有什么用呢？』刘郃终于答应了，开始与阳球等商议此事。

陈球的小妾是程璜的女儿，程璜在宫中有一定的权势，人们称他为『程大人』。这时候，曹节等宦官风闻陈球他们的密谋，于是，重重地贿赂程璜，又威胁他，软硬兼施，逼他说出陈球等的计划，程璜害怕自己遇祸，就把陈球他们的密谋和盘托出。曹节得知这一情况后，抢先行动，向汉灵帝进谗言说：『刘郃他们常与藩国有来往，恐有他图。

多次借用永乐太后的名义，受贿无数。步兵校尉刘纳以及永乐少府陈球、卫尉阳球等人私下信件频繁，图谋不轨。』皇上大怒，免刘郃的职务，刘郃、陈球、刘纳、阳球都被下狱问罪处死。陈球死时62岁。

在贿赂的天平上，人情的分量实在是轻贱得很。父子相疑，兄弟相争，已是屡见不鲜，这里，我们又看到了一出翁婿反目，终使一辈忠臣死于宦官之手的闹剧，可叹！可悲！叹在二刘（郃、纳）二球（陈、阳）对诛杀宦官一事举棋不定，拖延多日，忘记了『谋出于智，成于密，败于露』的古训。走漏风声，叫对手抢先行动，置己于死地。悲在程璜之辈的小人，为一己之荣华富贵，可以上不顾社稷安危，下不顾翁婿亲情，助纣为虐，把国家重臣送上了断头台。

忍小谋大称帝王

曹丕借着他父亲曹操南征北战，东讨西伐，肃清内外反抗势力，统一北国中原打下的基础，又搞一出『禅让』戏坐上了龙床。刘备依着自己是刘家王朝的后裔，趁曹氏废除汉献帝的混乱局面，打着承续正统、匡扶汉室的旗号，也坐上了皇帝宝座。作为三大霸主之一的孙权就不想过皇帝瘾吗？他当然想而且在军阀混战的三国时期，想当皇帝的又何止孙权，可以说实力强的，多数人都想当皇帝，如董卓、孙坚、袁术、袁绍都做过皇帝梦。例如，当年曹操矫诏会盟，讨伐董卓，孙坚参加了这次讨伐战争，偶然在洛阳得到传国玉玺，就认为自己有当皇帝的缘分，于是藏匿不报，并立即率领部队离开盟军去发展自己的势力，袁术等人得知此消息后极力谴责孙坚。其实，他们之中是谁都想得到这块玉玺的。只要看孙坚离开盟军时，刘表去截击他，为的是玉玺，孙坚之子孙策后来在穷途末路愿意以玉玺作押，换

得袁术的兵马，袁术高兴得不得了，马上做成这笔交易。不过，正因为想坐龙椅的多了，任何人只要暴露了这个念头就会招来大家的讨伐，名义当然是『诛乱臣贼子』。于是出现了大家都想当，大家又互相制约，谁也不敢轻易冒这个风险、挑这个头的局面。

孙权承父兄之业，坐领江东，历时三世，在军阀间你争我夺，相互兼并的战争中，成了三足鼎立的霸主之一，但在魏、蜀、吴三家中，他的势力相对要弱一些，又没有曹氏、刘氏那样的名分，但皇帝梦是照样做的。为此，他采用了『避于先而审处于后』的策略，最终才了却了做皇帝的夙愿。

开始，他见曹操势大，自封为魏王，而自己趁关羽在北面征讨襄樊的机会，袭击了荆州，并杀害了关羽，当然也就破坏了孙刘的联盟。杀了关羽，夺了荆州，刘备岂肯善罢甘休？此时的孙权，别说当皇帝，而且很可能受刘备和曹操两面夹击。为摆脱这种窘境，他差人把关羽的人头献给曹操，这样做既可以说是向曹操表功，又可以说是想嫁祸于曹操。同时，还给曹操写信主动劝曹操做皇帝。信中说：『孙权我早就知道天命已归魏王您了，望您早登大位，以便调兵遣将剿灭刘备，扫平西川，到那时，我孙权一定率领手下献出土地，向您俯首称臣。』

没想到，在当皇帝这个问题上，曹操表现出惊人的自制力。曹操当然想取代汉献帝，以成就曹氏大业。同时，以他在北方的日益增大的威势，要取代汉帝是不难的，但取代之后，是否能立定脚跟，则很难预料。曹操清楚地看到了

这种形势，所以当孙权写信向他劝进时，他一眼看穿这是孙权的阴谋。企图让自己激怒天下，陷于孤立，于是『观毕大笑』，说：『这小子是想把我放在火炉上烧烤啊！』曹操没吃这一套，孙权当然只好作罢。

后来，曹丕当上皇帝，孙权不但没有说半个『不』字，还主动派人携带礼品和书信前去讨封，曹丕封孙权为吴王，加九锡。孙权的臣属们对孙权这个举动，很不以为然，都劝他应自称上将军九州伯，而不应接受曹丕的册封。孙权却说：『九州伯这个称号，从古以来不曾有过。当年刘邦也曾接受项羽给他的汉王封号，那也是权宜之计，对自己有什么伤害呢？』于是便欣然接受了曹丕给予的封号。

时过不久，曹丕派遣使臣来东吴索取雀头香、大贝、明珠、象牙、犀角、玳瑁、孔雀、翡翠、斗鸭、长鸣鸡等物产，群臣上奏说：『荆、扬二州应交纳的贡品是有定额的，现在魏国索取的珍玩之物是不合于礼节的，不应当给他们。』孙权说：『当年惠施曾尊奉齐国为盟主，有人责备他：「你是主张不承认别人为盟主的，现在尊奉齐国为首，不是自相矛盾么？」惠施说：「有人在这里要打他爱子的头，他想用石头代替爱子的头，这是因为头贵重而石头不足道。以不足道的东西代替贵重的东西，为什么不行呢？」如今西北方的魏国在打我们的主意，江南的百姓都仰赖我，他们不正是我的爱子么？魏国所索取的，对于我来说都是不足道的东西，我有什么可惜的！魏文帝尚在居丧期间，却索取这些珍玩，对他这样的人还有什么礼节可讲呢？』于是备齐了他所要的东西送去了。

又有一次，曹丕命令曹休、张辽、臧霸率领军队，从洞口出发，曹仁率军从濡须出发，曹真、夏侯尚、张郃、徐

晃率军包围东吴云南郡。孙权一面派吕范等将领督率五军，用水军抵抗曹休等人，诸葛瑾、潘璋、杨粲等将领率军救援南郡，朱桓以濡须督的身份抗拒曹仁，一面又上书曹丕，说抵抗不是自己的意见，而是大臣们的主张，并请求他给予自己改过自新的机会。众大臣对孙权这种卑躬屈节于曹丕的行为大有微词，并劝说他干脆脱离曹丕，自己定年号，做皇帝。孙权却推辞说：『汉朝的皇室没落了，我不能救助使之保存，又怎么忍心与之争天下呢？』群臣又提出天命符瑞等为理由，坚持请孙权称帝。孙权仍不答应，并对群臣说：『我过去因见刘备雄踞西方，所以命令陆逊率兵防备他。又听说北方的魏国准备协助我，我担心挟天子令诸侯的余威，如果不接受其册封，将自寻折辱并促使他们早日对我下手。他们可能会与蜀国联合，使我们两面受敌，大为不利。所以我克制自己，接受了吴王的封号。我俯首称臣的本意，你们似乎还未尽理解，因而今天向你们解释一下。』

孙权表面上装作甘为魏国的属国，其实内心一丁点儿也不肯归附。当年曹丕派遣使臣与东吴结盟言誓之时，提出要孙权的儿子到魏国去做人质，他就断然拒绝，后来曹丕几次追问，他都借故相托。表面上他对魏国是毕恭毕敬，在一些非原则如进贡品等问题上他惟命是从，而在人质等重大问题上，他丝毫不受制于人，眼下的卑躬，正是为了掩盖真象，麻痹对方，暗地积蓄力量。等到刘备在白帝城丧命，曹丕英年早逝，孙权眼见自己的对手一个个衰落了，人们的注意力逐渐转移了，时机成熟了，终于在公元229年，轻松地坐上了皇帝宝座。

第十二计　顺手牵羊

原文

微隙[①]在所必乘，微利在所必得。少阴，少阳[②]。

按语

大军动处，其隙甚多，乘间[③]取利，不必以战。胜固可用，败亦可用。

注释

①隙：空隙，漏洞。指可乘之机。②少阴，少阳：阴之初生，阳之初生。敌人微小的漏洞或失误，可以被我们利用取得胜利。③乘间：乘，趁着，凭借，利用；间，夹缝，空隙。趁机之意。

译文

一旦发现微小的漏洞，也要及时利用；不管多么微小的利益，也要力争获得。利用敌方小的疏忽，为我方取得一些小的利益。

（按语）大部队行动之处，他们的漏洞和疏忽一定很多。趁机争取一些利益，而不必通过战斗。这个方法，胜利者固然可以用，失败者也同样可以用。

崔杼计杀齐庄公

春秋时代齐国大夫崔杼，为迎立庄公有功，被封为上卿，执掌国政。庄公经常到他府上饮酒作乐。

一天，庄公饮了两杯酒，见崔杼因事外出，乘机把崔杼的继室棠姜诱奸了。以后暗往明来不断。此事渐被崔杼发觉，他先不声张，先责问妻子，棠姜供认不讳，并且说：『庄公身为国王，他恃势威胁，我是一个女流之辈，有什么力量抗拒他呢？』

崔杼愤怒地说：『你无能力抗拒他，也应该及早告诉我呀！』

棠姜很懊悔地叹了一口气：『唉！』接着又很悲伤地说：『我知道这件事做错了，但既已成为事实，说出来又有什么用呢？若告诉你，你肯定会发火的，万一被他知道了，必先向你下毒手，唉！错就错在当初不该把他引上门来。』

崔杼愤怒了一阵，想了一想，也感到无可奈何，于是又冷冷地说：『也罢，事到如今，我也怪不得你，只怪我自己引狼入室。』说罢长叹一声。

从此以后，崔杼严加防范，不使棠姜与庄公有接近的机会，并暗地里要谋害庄公。

庄公有一位内臣叫贾竖，因一点小过失就被庄公罚打了一百皮鞭，心常忿詈，不时口出怨言。崔杼知道了，便以

重金去收买他，央他做了内线，报告庄公的一举一动。

不久，莒国黎比公来齐朝见，庄公大喜，特在北郊设宴招待。崔杼的府第也正在北郊。

崔杼得知这个消息，已想到庄公的用意了，便诈病起来，不去陪宴，一面派心腹去贾竖处探消息，贾竖回报说庄公在宴散后要去探崔杼相国的病。

『嘿！他哪会关心到我？关心我的老婆是真。』崔杼冷笑一声，喃喃自语说。

然后他又立即对棠姜说：『今晚要解决那个昏君淫王，你一定要按我的话去做！事成，立你为正室，你的儿子亚明为继承人，不扬你的丑。不然的话，我先宰了你。』

『妇人家是从夫的，何况这样也可以替我报仇，你教我怎样便怎样！』

『好！』崔杼在她耳边教她如何如何，这般这般。

跟着动员家族兵丁埋伏在室门内外，再派心腹通知贾竖，需要如此恁般，安排好香饵，等候金鱼上钩。

庄公是一心想着棠姜的，今见崔杼患病，正中下怀，匆匆地开罢宴会，即命驾到崔府来。

『相国的病怎样了？』庄公一入门就这样问。

『启禀我王，相国的病非常严重，现在刚吃过药，蒙头睡觉！』守门的这般说。

『睡在什么地方？』庄公再问。

『睡在东边的外厅！』

庄公大喜，径直向西厢的内室走去。他的四位保镖也想跟进去，却被贾竖挡住，他说：『你们都是灯心胆，不通气者。主上的事，你们该知道的吗！还是在外厅等候吧！』

大家相信他的话，便停留在门外，只有贾竖一人跟进去，门也随即关了起来。

进了内室，棠姜出来迎接，她此时打扮得格外漂亮，庄公一见，便如饿虎擒羊一样，想把她搂过来。可是，有侍婢出来，告诉棠姜，说相国嚷着口渴，请夫人调蜜汤送过去。棠姜借机抽身。

一会，伏兵突然挥剑呐喊，这才把他吓醒，情知有变，急趋后门逃避，但门已下锁。庄公力大，把门踢开，走上小楼里，伏兵把楼团团围住，声声只叫：『奉相国之命，捉拿淫贼！』

庄公见无法突围，乃凭窗对甲兵说：『我是国王，你们不得无礼。』

『什么国王不国王，我们奉相国命令，只知是捉拿淫贼！』甲兵又鼓噪起来。

『崔相国何在？我要跟他当面说话！』

『相国有病不能来！』

庄公见此情形，知已无余地，黯然当众请求：『我知道你们一定是要我的命，但可否让我回去到太庙里自尽呢？』差不多哭出声来。

『还是即时自己解决吧，省得受辱！』

庄公突然从窗口跳出来，想爬墙走，一支冷箭射过去，伤了左脚，从墙上坠下。

甲士一齐拥上去，把庄公剁成肉酱。保镖的四位勇士，也在前厅被伏兵杀死。

齐庄公被崔杼除掉了，但这是他咎由自取，谁让你看上人家的老婆呢，做了坏事得到报应这该是天经地义的事情！

顺手牵羊占赵地

公元前354年，魏惠王（前369—前319）打算进攻北面的赵国。他派遣庞涓率领一支精锐部队向赵国杀去。庞涓没费多大力气就杀到了赵国都城邯郸城下，并包围了邯郸。此时，赵国无力应战，只好派使者向实力雄厚的楚国求救。楚王对于要不要救赵犹豫不决。于是，他召集谋士们商议。楚相昭奚反对出兵，认为应当听凭魏国攻打赵国，楚国可以等他们两败俱伤后，坐收渔人之利。

景舍反对昭奚的主张，提出以救赵为名来削弱赵魏的实力，并顺手牵羊，为楚国谋利的计划，受到楚王的赞赏。

楚王任景舍为帅，带领一支人数不多的军队，打着救赵的旗号，跨越赵、楚之间的国界，进入赵国。赵国大将马上将楚国派救兵的消息通告守城官兵，但这一切都没能阻挡庞涓的进攻。围城七个月后，庞涓终于攻克了邯郸。这时，传来齐国派一支军队直趋魏国都城大梁的消息。庞涓得知这一情报后，马上从赵国撤兵回国。半路上，齐军『以逸待

劳』，把庞涓率领的魏军打得大败。

魏国和赵国都在战争中受到重创。这对楚国是最好的机会。景舍正是抓住赵国向楚国求救的机会，派兵进入了赵国，而且在魏军撤退之后，不费吹灰之力便『顺手牵羊』，占领了部分赵国领土，胜利实现了昭奚的计谋。

人头玉璧两全得

周敬王执政时，已是春秋后期，这时卫国国内上层统治者矛盾尖锐，政权更迭频仍，是春秋时期国君被逐，政变最频繁的一个国家。按史书所载，卫国国君卫庄公曾受晋国容纳保护，但为君后又背晋，晋于是伐卫，卫人出庄公，立公子般师。晋师退，庄公复入，般师出奔。初，庄公登城，见戎州已氏之妻发美，髡之以为夫人髢。又欲翦戎州，兼逐石圃，故石圃攻庄公。庄公惧，窬北墙折般，入已氏，已氏杀之。史书记载卫庄公被杀事件经过，大都简洁，寥寥数句，甚至用一句话概括，仅说卫庄公出奔，很少论及卫庄公被杀一事详情，实际上庄公之死，因暴虏而被仇人已氏残杀，倒是顺手牵羊之计，在历史中运用施行的一个典型之例。

卫庄公蒯聩在做太子时，即积极参加宫廷阴谋。公元前480年，他筹划武力政变，通过姐姐孔伯姬的情夫浑良夫，亲自带领伏兵，杀子路，胁迫卫国孔氏家族重要人物孔悝立自己为庄公，接着大肆追捕原卫出公辄的党徒、亲信。第二年，蒯聩在向周王室请到册命后，得以名正言顺大权在握，他对为自己上台出过力的孔氏母子，假装设宴款待，灌醉他们，连夜驱逐出国。凡知晓他非法夺权底细的人，都被他猜忌怀疑，担心自己不正当的手段被人看破，拿

来对付自己，必欲除之而后安。连卫国重臣太叔遗也被逐出。由此，卫国国内人心纷乱，也就是在这一年，庄公上台的故伎，被他的儿子太子疾拿来施用在庄公身上。原来，庄公大肆排斥异己，大臣纷纷外逃，出公辄把国家的宝物也带走了，于是庄公用浑良夫计，让太子疾等人回国，想早立下太子，取得宝器。不意引狼入室，太子疾顺势劫持庄公，胁其盟誓，并要他杀死浑良夫。庄公说原先答应过免除浑良夫三次死罪，不能立即杀他，太子疾暂时答应庄公的请求，但不过一年，借庄公之力，找一借口杀了浑良夫，剪除了庄公的重要臂膀。

鲁哀公十七年（前478年），晋国大夫赵鞅，派人通知卫国：过去卫君在晋国期间，晋国款待热情周全，是故请『卫君或太子来敝国，向寡君寒暄，略表谢意，如此才能使我们为臣的颜面上有光』。如若卫君不施以答礼，则会是『臣子做事不当』，将遭受晋君责难。卫庄公闻报，就以国内纷乱为由，不想去晋国致谢。而太子疾却派人至晋说父君之事。结果，晋国大怒，以赵鞅为将，领军攻卫。

卫庄公执政失措，引发外患内争，自己心虚，寝食不安。有一次，他梦见自己在北宫，看到一个披发厉鬼立昆吾观上，向北高喊：『登此昆吾之虚，绵绵生之瓜，余为浑良夫，叫天无辜。』卫庄公心中害怕之极，第二天亲自求人占卜，筮史官胥弥赦卜之说：『没有什么事。』庄公听了非常高兴，赐给他一邑，胥弥赦不受而逃往宋国，实际上这时卫庄公已结怨全国，大乱将生而自己不知。

同年冬天十月，晋军再次攻打卫国，并很快入了外城。将要入城时，卫国人主动起来行动，赶走了卫庄公，与晋

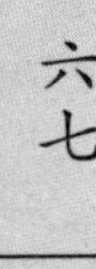
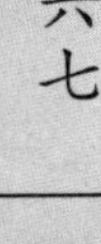

将赵鞅讲和。于是晋国立卫襄公之孙、庄公的从父兄弟般师为卫国新君，然后退兵回国。但十一月，卫庄公又乘晋军兵退，从鄄邑入都，般师被迫出逃。

恢复了执政统治的卫庄公，并不专注于朝政的调理，去笼络人心，反而变本加厉，更加残酷对待臣民。一次，他登上国都帝丘的城门远眺，望见城外有村落散居城外，随即问身边侍臣，得知是戎人居邑。庄公说：『我是周室姬姓后代，怎么能容许戎州（帝丘城外的少数民族）居住在我的城外呢！』于是下令发兵，掠劫戎州财物，并彻底摧毁了这些戎人的居住村落，致使戎人对他咬牙痛恨。又有一次，卫庄公站在城门上，望见戎人已氏之妻的头发，长得特别浓密漂亮，庄公欲占为己有，竟然派出兵丁，把已氏之妻的美发全部剪下，做成假发，给自己的夫人吕姜戴上，以满足自己的私欲。

庄公的暴政专权，终于引发了内政危机的进一步爆发。石圃是卫国上卿石恶之子，自己又居卿位，于国中有不少势力。庄公不喜欢石圃，想要放逐他。石圃见势不好，本拟先逃，恰好此时，为庄公所役使的百工匠人，长年为庄公修筑工程，制作器物，不仅衣食不保，连休息也没有，总是日夜不停地埋首做工，心里早就充满对庄公的愤恨，石圃见此可以利用，于是在公元前478年10月23日，辛巳日，石圃领百工匠人先发制人，攻打卫庄公所居宫室。卫庄公猝不及防，只得关起宫门，派人请求谈判议和，可是石圃哪里答应，反而发力紧攻。庄公知议和无望，为救生路，爬上高高的北宫之墙，跃墙逃跑。太子疾、公子青紧随庄公之后，跃墙而过，不料刚落地面，被闻讯赶来，乘庄公逃亡势弱

之机报仇的戎人手起刀落，双双被杀。

先期跃墙而过的卫庄公，落地时已折断了腿骨，又见仇视自己的戎人纷纷涌来，赶紧躲进城外一户人家，哪知冤家路窄，正是他胁迫剃光了妻子美发的已氏之家。庄公逃命要紧，急中生智，从身上拿出一块上等玉璧，呈给已氏主人，说道：『如果你能救我一命，我会把这块玉璧送给你。』已氏主人看了看卫庄公，微笑地对庄公说：『我杀了你，这块玉璧还会落到哪里呢？』说完，拿起刀来，只见血光一闪，一颗头颅落到尘埃。又随手拾起玉璧，揣进自己的腰包。

春秋后期，正是社会变革急剧加快的转变阶段，过去的大国间争霸战争，渐渐为列国内部争权夺利的频繁政权斗争所代替。政治结构上，过去的礼乐征战自天子出，逐渐为诸侯出，自大夫出，甚至大夫的家臣，亦纷纷起而争政柄，卫庄公上台执政的卫国，正是君君臣臣、父父子子的旧秩序已被打破，父子争位，骨肉相残。君臣之尔虞我诈，内亲之间欺诈杀伐。政敌争斗、权坛互击导致政坛改名情况频繁发生。庄公本来以政变形式上台，执政之后，大肆杀伐排斥异己，造成统治集团内部矛盾重重，他想驱逐势大的石圃，两人随之成为政敌，这是他所处的第一重矛盾。春秋后期，国人与统治阶段的矛盾已尖锐化，庄公长时间役使做工的百工匠人，造成国人怨恨，这是庄公所居的第二重矛盾。庄公不以大政为重，驭政无方，又昧于时势，轻开杀伐，还沉浸在周室王姓的美梦中，毁坏都城城外戎州人村落居室，又抢劫戎人的财产，尤其是不注意小节，居然为满足私欲，剃光已氏之妻的长发为夫人吕姜做假发，这样，卫庄公成为已氏及戎州群众之仇敌，构成了卫庄公所居的第三重矛盾。在这三重矛盾中，任何一种矛盾的激化，都将对卫庄公政权造成极大冲击，何况，外有晋军为敌，内有太子疾势力胁迫威逼，简直是坐之于火山口，危险即在眼前了。果然，当卫庄公驱逐石圃在即，事机触发，石圃即利用百工匠人对庄公的愤恨，乘机发动国人攻打庄公宫室。庄公性命不保，只好『狗急跳墙』，结果，被第三重矛盾的仇敌戎人乘虚而入，戎人砍杀了太子疾、公子青。而已氏主人为报削妻发之仇，当然要杀庄公了。也是庄公命当该绝，偏偏躲进了已氏之家，庄公为逃生，想以利诱之，掏出一块玉璧，就想收买已氏主人。哪知已氏主人理智心明，报仇为大，玉璧为轻，何况完成了报仇这样一个重要大事，眼前的小利岂有飞去的道理。于是杀庄公，再顺手把玉璧装入自己的腰包，真是大快人心，『仇』利双收啊！

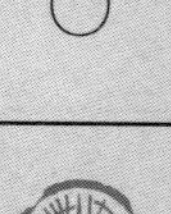